"灾害人口问题研究"丛书

本专著为国家社会科学基金重点项目
"地震灾害频发地区的人口迁移与分布问题研究"（11ARK001）结项成果，
获中央高校基本科研业务费专项资金项目（JBK1804023）资助

Study on the Population Migration and Distribution
in the Areas with Frequent Earthquake Disasters
——Taking Sichuan Longmenshan Fault zone as an example

地震灾害频发地区的人口迁移与分布问题研究

——以四川龙门山断裂带为例

张俊良　闫东东　张兴月　杨成洲　郭仕利◎著

西南财经大学出版社
四川·成都

图书在版编目(CIP)数据

地震灾害频发地区的人口迁移与分布问题研究:以四川龙门山断裂带为例/
张俊良等著. —成都:西南财经大学出版社,2021.3
ISBN 978-7-5504-4539-0

Ⅰ.①地… Ⅱ.①张… Ⅲ.①人口迁移—研究—四川 Ⅳ.①C922.2

中国版本图书馆 CIP 数据核字(2020)第 172449 号

地震灾害频发地区的人口迁移与分布问题研究——以四川龙门山断裂带为例
DIZHEN ZAIHAI PINFA DIQU DE RENKOU QIANYI YU FENBU WENTI YANJIU——YI SICHUAN LONGMENSHAN DUANLIEDAI WEILI

张俊良 闫东东 张兴月 杨成洲 郭仕利 著

责任编辑:林伶
封面设计:墨创文化
责任印制:朱曼丽

出版发行	西南财经大学出版社(四川省成都市光华村街 55 号)
网　　址	http://www.bookcj.com
电子邮件	bookcj@swufe.edu.cn
邮政编码	610074
电　　话	028-87353785
照　　排	四川胜翔数码印务设计有限公司
印　　刷	四川五洲彩印有限责任公司
成品尺寸	170mm×240mm
印　　张	12
字　　数	197 千字
版　　次	2021 年 3 月第 1 版
印　　次	2021 年 3 月第 1 次印刷
书　　号	ISBN 978-7-5504-4539-0
定　　价	78.00 元

总序

中国是一个幅员辽阔、人口众多的国家，也是自然灾害频发的国家。所以，研究自然灾害与人口变动之间的关系，探索二者之间的关系变动机制和变动规律不仅对于防灾减灾、灾后重建、灾区人口规划和经济社会发展规划、灾区人口救助等一系列经济社会政策具有重要的现实意义和政策参考价值，而且对于灾害人口学的理论建构也具有重要的学术意义。

自然灾害与人口变动的关系研究在国际上受到学界高度关注，已经产生了大量研究成果，许多成果已经转化为相关国际组织进行灾后援助和多个国家防灾减灾、进行灾后重建的政策指南。中国在这个领域的研究起步较晚，准确地说，在 2008 年以前国内的相关研究更多聚焦于技术层面和硬件基础设施的恢复重建方面，在 2008 年汶川大地震以后才真正开始涌现出一批涉及自然灾害中的人文关怀，以及其社会学影响和人口学影响的研究成果。而且即使到今天，相关研究依然更多地局限于对短期影响的研究，缺少对长期影响的研究，且相关的数据平台尚未有效建立，因而高质量的实证研究、动态跟踪研究还较为鲜见。这方面要走的路还很漫长。

西南财经大学人口研究所在 2008 年汶川大地震发生以后，及时回应现实需要，关注研究汶川地震灾后重建中的人口问题，并且连续获得了几项国家社科基金项目。在项目资金的支持下，以汶川地震灾后重建为案例，认真深入地研究探索了自然灾害与人口变动之间的关系，包括自然灾害，特别是地震灾害对区域人口生育变动、家庭重建、人口迁移、人口再分布等问题都分别做了较为深入的探索，形成了若干研究成果。这些成果的研究目标和研究对象都是一致的，但侧重点不同，彼此之间具有较强的互补性。所以我们把它们结集为一套丛书，希望能够整体全面地向读者呈现我们在该领域的研究成果和探索过程。

这套丛书的研究聚焦于地震灾害与人口变动之间的关系。汶川地震这一灾害事件已经过去了十多年，但是我们研究的目标并不局限于即时的政策咨询和现实问题的解决应对，而是希望能够通过研究汶川地震这一灾难性事件的即期应对和重建过程，引发学界对自然灾害与人口变动之间内在关系和关系变动规律的思考，进而进行相应的理论建构。甚至如果有可能，最好还能对灾害人口学的学科建设有所助益。正是从这个意义上讲，其在时间上和空间上都不乏研究价值。

前言

　　本书选取四川省龙门山断裂带42个县（市、区）作为研究区域。该区域是地震灾害频发区域，每隔几十年就会发生一次7级以上的大地震，5级、6级及以上的地震则发生得更加频繁。地震灾害及地震次生灾害频发，是该区域的基本特征。除此之外，该区域还是一个多重属性黏合在一起的特殊区域。首先，该区域既是地质和生态脆弱区域，也是其他自然灾害频发区域；其次，除与成都平原邻近的区域外，其他大部分区域都是经济社会发展相对缓慢和落后的区域；最后，其也是民族人口聚居和贫困人口集中的连片区域。总体而言，该区域人口规模大，人口密度大，且分布极为不合理，人口要么大规模集聚在灾害危险度高的区域，要么分散居住在自然环境和经济社会环境较差的区域。在灾害频发且生态如此脆弱的区域，却不合理地分布着如此巨量的人口，势必会进一步提升灾害的破坏力和危险度。当灾害来临时，特别是当大型地震或地质灾害来临时，该区域生命财产将不可避免地会遭受难以估量的损失。大量的历史资料和数据证明，龙门山断裂带自古以来就是一个地震和地震灾害频发的地域。频发的地震灾害给区域带来了巨大的生命、财产损失，严重破坏了区域的经济、社会、文化及生态系统，地震灾害的破坏力非常大，危险度非常高。这种高危险度与人口及人口迁移、分布是否有关系，有什么关系，有多大关系？这是一个在理论上和实践上都需要重点研究的问题。但是，通过系统的文献梳理，笔者发现目前已有的对这个问题的研究要么泛泛而谈，要么不系统、不深入。因此，系统地研究这个问题，具有非常重要的理论意义和实践价值。

　　通过系统的理论研究和实证研究，期望达到的总体目标在于：探究该特殊区域人口迁移、分布与地震灾害发生（地震本身并非灾害，只有与人类发生关联时才会成为灾害）及灾害危险度上升的联系机制和原理，探寻通过人口迁移与再分布，使人类与自然环境之间形成和谐共处、协调发展的可持续模式。

传统人口学对人口迁移有既定的解释，而本研究所使用的人口迁移则有自己特定的内涵。不论移动的空间距离大小，也不论户籍是否变动，只要是居住地点的永久变动及改变常住地达6个月的流动，在此都系人口迁移的范畴；本研究使用人口流动强度来反映人口迁移水平。人口分布是指一定区域人口总量（就更大区域而言，该区域的总人口也属于人口分布的范畴，即分布在该区域的总人口）及其在区域内各类型地带（点）的布局状况，使用人口密度、综合人口密度、城镇化率及人口集聚度等指标来衡量。

影响人口迁移与分布的因素主要有社会经济和自然环境两大类。本研究使用人均GDP、产业结构、经济集聚度、交通优势度等代表社会经济发展水平，使用自然灾害危险度、地震灾害危险度及生态环境脆弱性描述自然环境状况。在这两大要素中，自然环境是人口迁移与分布的基础性和前提性条件；而社会经济发展水平，在既定的自然环境的基础上，对人口迁移与分布起着重大的影响和制约作用。根据人与自然关系的基本原理，人类不能征服自然，只能在认识自然和按规律改造自然的前提下，顺应自然、适应自然。随着人类文明程度的不断提高，特别是在当代科学技术飞速发展的时代背景下，社会经济因素对人口迁移流动和再分布产生的影响日益凸显。但是，人类必须清醒地认识到，社会经济因素对人口迁移流动和再分布影响力的提升，不仅不能动摇自然环境的基础性和前提性地位，还必须遵循人与自然关系的基本逻辑。即便是经济社会的发展，一方面必须以遵循人与自然关系的规律为前提；另一方面，毫无疑问，其也是人与自然关系协调与适应的结果，是人类对自然环境认识提升的阶段性成就。

尽管社会经济因素对人口迁移、分布有着重大的影响和制约作用，但从本质上讲，自然环境对人口的迁移与分布起着基础性和前提性的作用，自然界具有第一性、原生性、本源性和无意识等特征；而人口的迁移行为和分布过程，都是第二性、后生性、衍生性和有意识的人类的能动过程。自然环境不会主动来适应人类，相反，人类行为必须主动适应自然环境。人类的迁移行为与人口分布及再分布过程，是否尊重自然规律并与之协调，是否顺应自然环境，是否与自然环境相适应，是衡量地震灾害及其他自然灾害是否具备破坏力和危险度的最根本标准。因此，地震灾害危险度的高低、破坏力的大小，实质上反映的是人口迁移与分布和自然环境相适应的状况，是人与自然关系在人口迁移与分布现象中的具体化和表现形式。

因此，在规划和布局区域未来经济社会和人口发展的过程中，应该在充分认识区域自然环境特殊性和尊重客观规律的前提下，探讨产业布局、城镇布局、村落布局及集中居住点布局，探讨如何通过这些经济社会资源的布局引导人口移动，达到科学合理分布和人口再分布，促进区域人口、经济、社会、资源与环境各系统之间的长期均衡、协调和可持续发展。

为了探究该特殊区域人口迁移及分布与地震灾害发生及灾害危险度的关系机制和原理，本书在系统理论研究基础之上做了如下研究：

第一，对龙门山断裂带地震灾害频发区域42个县（市、区）的人口迁移与分布状况进行了实证描述。就区域整体而言，2010年该区域42个县（市、区）总人口为1 708.53万人，2015年为1 779.31万人，总人口数略有增长。通过使用综合人口密度指标计算，该地区2010年的综合人口密度为1 118人/平方千米，2015年为1 271人/平方千米。与四川全省2010年的901人/平方千米和2015年的919人/平方千米相比，该区域明显高于全省平均水平。通过使用人口流动强度指标计算，该区域2010年人口流动状态以流出为主，到2015年，人口由以流出为主向以流入为主转变，人口流入最为集中的区域是成都市周边的县（市、区）和各地级市的市中区。同时，还分析了人口综合密度及人口流动强度的时间和空间特征。

第二，对龙门山断裂带地震灾害频发区域42个县（市、区）的自然地理环境与社会经济进行了分析。通过使用灾害危险度、生态脆弱性等指标，计算并分析了该区域的自然环境特征；使用人均GDP、产业结构及交通优势度，分析了该区域社会经济发展水平。该区域由于其特殊的地质构造，除成都平原外，绝大多数区域灾害频发，生态环境脆弱，且区域内社会经济发展极为不平衡。同时，多重属性使得区域的人口、资源、环境和经济发展面临的问题繁多且复杂。

第三，通过人口集聚度、经济集聚度、城市化率、交通优势度、自然灾害危险度、生态环境脆弱性等指标，同时考虑到人口集聚在空间分布上的空间相关性，还使用空间计量经济学基本方法并借助 ArcGIS 软件，对龙门山断裂带地震灾害频发区域 42 个县（市、区）自然地理环境特征与人口迁移分布的关系、社会经济发展水平与人口迁移分布的关系、以及自然地理环境与社会经济发展二者的综合效应对人口迁移分布的影响进行了实证研究。在分析自然地理环境状况、社会经济发展水平与人口集聚度的关系时，采用系统耦合度与协调度模型、空间自相关全域 Moran's I 系数、LISA 聚类分析以及热点分析法，在分析两者对人口集聚度的综合效应时，采用考虑空间因素的空间计量模型。

第四，从微观层面对影响人口迁移、流动和再分布的因素进行了实证分析。个体是否决定迁移流动、因何迁移流动以及往哪里迁移流动等，最终还得由个体做出抉择，才能将意愿变为实际行为。个体基于一定区域的社会经济发展水平和自然地理环境条件，先做出综合的判断与考量，接着核算迁移的成本和收益，最后才会产生实际的迁移流动行为。

实证研究的主要结论如下：①该区域人口分布不均衡，区域西北部人口密度小，东南部人口密度大；人口迁移由以流出为主逐渐向以流入为主转变；同时区域少数民族人口聚居和贫困人口集中连片分布。②地震以及地震次生灾害频发，生态环境整体上较为脆弱；空间分布上明显形成以广元市中区→绵阳市中区→德阳市中区→雅安市中区为主线的东南和西北分布差异；人口密度及分布与自然灾害危险度、生态脆弱性呈现出较高度的空间耦合性。③区域整体社会经济发展相对滞后、区域内部发展不平衡，主要表现在社会经济水平以及道路交通优势度两方面。④自然地理环境与人口集聚的耦合性较高，但协调性差；耦合协调度的空间集聚特征明显，呈现出东南高高集聚、西北低低集聚的特征；人口分布受制于自然地理环境的影响程度依旧很大。社会经济发展水平与人口集聚耦合度，明显高于自然地理环境与人口集聚耦合度，说明人口的集聚受区域社会经济发展差异的影响日益凸显，其耦合度与协调度同样呈现出空间集聚的特征，不同地级单元协调度的类型差异十分明显。⑤总体而言，影响人口集聚的核心要素是生态脆弱性、区域经济集聚度和交通优势度，且这些因素之间的地理空间溢出效应十分明显；而影响个体迁移决策的要素，主要是工资收入、生活支出、子女教育、住房支出等，同时社会关系网络的深度（如迁移后的社会融入程度、对当地居民的熟悉程度）与广度，也会影响个体的迁移决策。

针对上述理论与实证研究结论，从规避自然灾害风险角度出发，本书探索性地提出了人口迁移与再分布的"整体搬迁模式"和"归并整合模式"；从适应社会经济发展角度出发，提出了人口迁移与再分布的"统筹城乡新型城镇化模式""产业整合推动发展模式""核心城市吸纳融入模式"，并就每种模式的概念、具体做法、优势和问题进行了详细的论述。同时，结合微观个体的成本收益决策行为和国家主体功能区规划，分析了区域整体人口迁移与再分布的区域定位。

上述诸种人口迁移与再分布模式各有优劣，并且都富有针对性和可操作性。其中，核心城市吸纳融入模式，主要目标是减少区域人口总量，通过外迁和流动，将人口往区域外布局和再分布，使区域内人口规模缩小。其他如整体搬迁、归并整合、新型城镇化、产业整合推动等模式，它们有共同的基本目标，实质上都是关于区域内其他人口如何合理移动和再分布的模式或思路。通过这些模式的人口迁移流动与再分布，最终使人口系统和自然系统达到相对协调与和谐。

针对理论与实证及模式研究结论，本书在系统思考的基础上，根据我国及四川省的实际情况，并结合研究区域的实际情况，提出了相应建议。龙门山断裂带区域42个县（市、区），人口迁移流动与再分布必须遵循人与自然关系的基本原理，以减少区域内人口总量和合理布局区内人口作为最基本的价值导向和最高的指导方针。

第一，完善人口迁移流动和再分布相关政策，制定和实施针对特殊区域和特殊人群的人口迁移流动政策。针对地震灾害、气候灾害、地质灾害等频发且生态脆弱区域，迁移流动出本区域进入核心城市的人口，包括从本区域迁移流动出去的少数民族人口、贫困人口，同时应制定带有鼓励性的政策。例如，在技能培训、廉租房及购房、税收、户籍转移、子女就学等方面，都应给予适当政府倾斜和优惠。该政策的实施，将加大核心城市的"拉力"，有针对性地吸引不宜人居区域人口、少数民族人口和贫困人口向区域外迁移流动。

第二，完善灾害频发区域自然环境基础数据库建设，为合理布局产业、基础设施和人口提供科学依据。利用现代地质调查和测绘等技术，详细调查特殊区域地质构造、地形地貌、灾害种类、灾害频率、灾害危险度、生态脆弱性、水文、气候气温、地下资源及动植物资源等，获取准确和完整的基础数据，指导产业布局、城镇布局、村落布局及人口再分布。

第三，完善灾害频发区域基础设施和公共服务体系，提升区域经济社会的人口承载力。完善自然环境基础数据，通过区域内道路交通系统、水电气系统、通信与网络系统、生态保护系统、公共卫生与保健系统、教育系统及社会保障系统的建设，进一步提升资源环境与社会的人口承载力。

第四，完善和落实灾害频发区域的产业政策和布局，提升区域经济承载力。政府及相关部门，通过"主体功能区规划"及其他宏观政策，引导区域产业发展的大方向，明确支持鼓励发展的产业类型和限制开发的各类产业，明确各类产业布局的地域空间。唯有如此，才能做到产业布局与自然环境间的协调与适应，才能真正提升经济社会的人口承载力。

笔者

2021 年 1 月

目录

1 绪论

1.1 研究背景

2008 年汶川特大地震灾害，给汶川县、四川省乃至全中国都带来了极大的损失，大地震所造成的人员伤亡与财产损失难以用数字估量，给灾区人口所带来的沉痛打击更是难以抹去。就在汶川大地震发生后的 5 年，该区域的雅安市芦山县又发生了 4.2 级地震，这对还未走出灾害阴影的灾区人民来说无疑如同雪上加霜。地震在对区域人口造成极大生命财产破坏的同时，还影响了区域人口的迁移与再分布。由于受地震的破坏，绝大部分人口不得不离开原居住地，被迫迁移。然而，反观汶川地震和芦山地震，从其地域分布和地质构造上来讲，均位于龙门山断裂带这一地震带上。作为地震灾害频发地区的龙门山断裂带，其地域范围内分布着大量的人口，在频发的地震及其次生灾害影响下，人口的迁移变动使得该地区的人口分布处于一种不稳定状态。当人口分布与区域的地震灾害分布以及危险度等级处于不协调的状态时，灾害对人的生命财产安全有极大的潜在威胁。因此，十分有必要对该区域的人口迁移与再分布问题进行探讨，以求在规划人口合理分布的过程中，尽量规避灾害风险，减少人员伤亡，确保人口安全。

1.1.1 龙门山断裂带历来是地震灾害频发区

（1）龙门山断裂带区域的地理位置及地质构造

四川省龙门山断裂带沿着龙门山发育，位于成都平原向青藏高原过渡带，西面为巴颜喀拉地块，东面为四川盆地。地壳平均高度从 35 千米向 65 千米过渡，是我国南北地震带的重要组成部分。龙门山断裂带分布于青川、北川、茂县、汶川、邛崃、宝兴、天全一带，断裂带呈东北—西南走向，沿四川盆地边缘分布。断裂带长约 500 千米、宽约 70 千米，由一系列大致平行的东北—西南走向逆冲断裂带组成，主要为茂县—汶川断裂（后山断裂）、北川—映秀断裂（中央断裂）、灌县—安县断裂带（前山断裂）、龙门山山前隐伏断裂带以及与其相应的推覆体组成的断裂带系。具体地理空间分布见图1-1。

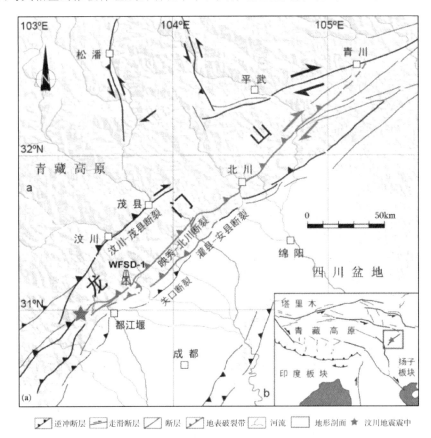

图1-1　龙门山断裂带、龙门山脉与四川盆地的构造位置关系示意图

　　从龙门山断裂带的构造形成来看，龙门山断裂带属于中生代造山作用形成的断裂褶皱带。三条主干断裂都向西北（NW）方向倾斜，其中茂县—汶川断裂带和北川—映秀断裂带是由脆性变形叠加在早期韧性变形的构造片岩、糜棱岩之上形成的。前两条断裂带地表倾角为60°~85°、50°~80°，而灌县—安县断裂带主要呈脆性特征，因为其主要发育在中生代地层中。因此，自西向东从青藏高原到四川盆地的过渡中，其主要地质分别是古生代变质地体、以杂岩体为代表的前寒武纪变质杂岩、三叠系含煤系地层和侏罗系前陆盆地。

（2）龙门山断裂带地震频发的原因

根据地壳运动的规律，地壳运动既要产生张力也要产生压力。张力往往产生分离型板块，例如海底扩张、红海裂谷与东非大裂谷等。压力往往产生汇聚型板块，例如印度洋板块（前端带着印度大陆）与欧亚板块间的碰撞。两种力量通过地壳运动相互作用相互补充。比如在内陆地区，很多断裂带的形成并非由分离型板块的张力所致，而恰恰是由汇聚型板块的压力导致的。龙门山断裂带地震带位于世界两大地震带——环太平洋地震带与欧亚地震带的交汇部位，受太平洋板块、印度板块和菲律宾海板块的挤压，地震断裂带十分发达，如图1-2所示。

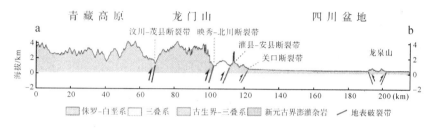

图1-2 龙门山断裂带地形剖面图

龙门山断裂带地势由西北向东南倾斜，河谷山岭相对落差大，属于典型的高山峡谷地形。其地质构造复杂，断裂纵横交错，地层破碎，历史上就是地震高发区之一。从历史活动来看，其新生代至晚第四纪以来仍然有不同程度的活动，是一条大型的活动断裂带。龙门山断裂带显示出较强烈的逆冲运动，兼有右旋走滑水平运动分量。沿龙门山断裂带的新生代逆冲运动，在该断裂端的东南侧形成新生代的前陆盆地，以安县—北川一线为界。该断裂端西南段的构造活动性强于东北段。汶川8.0级地震微观震中位于龙门山断裂带的西南段。据震源机制解以及余震的分布，推断此次汶川8.0级地震的发生与龙门山断裂带中断及其下方滑脱的突然运动有关。

（3）龙门山断裂带地震发生的历史概括

龙门山断裂带历史上一直是我国最为活跃的地震区域之一，最早有文字记录的地震事件是在晋朝咸宁四年（278年），地震发生在阴平、广武（现青川）一带。龙门山断裂带是少数民族聚集的区域，也是我国重要的藏族、羌族聚居区。表1-1给出了中华人民共和国成立以前，该区域的地震统计资料。1326—2008年，其中6级以上的地震就发生了上百次，而从时间间隔来看，每隔50年左右时间，区域内就会爆发一次6级以上的地震。

表 1-1　中华人民共和国成立以前龙门山断裂带发生的主要地震事件文献记录

朝代	年代	地点	日期	文献出处
晋朝	咸宁四年	青川、平武一带	278 年 7 月 16 日~8 月 2 日	《晋书·武帝纪》卷 3，69 页
唐朝	贞观十二年	松潘、叠溪一带	638 年 2 月 4~12 日	《旧唐书·太宗纪》卷 3，49 页
	僖宗乾符三年	雅安	876 年 6 月 25 日~8 月 22 日	《旧唐书·僖宗纪》卷 19，697 页
宋朝	真宗景德元年	雅安汉源、芦山一带	1004 年 2 月 23 日~3 月 23 日	《宋史·真宗本纪》卷 7，123 页
	孝宗弘治元年	汶川、茂县、绵竹一带	1488 年 9 月 16、17 日	《孝宗实录》卷 17，2-3 页
	神宗万历二十四年	茂县、北川一带	1597 年 2 月 12~14 日	明《续文献通考》
明朝	神宗万历二十五年	茂县、松潘一带	1597 年 6 月 25 日	明《续文献通考》《明书》卷 85，1729 页
	明熹宗天启三年	松潘小河	1623 年 6 月 23 日	《少师朱襄毅公督署疏》卷 7，28 页
	明毅宗崇祯二年	松潘小河	1630 年 1 月 16 日	《松潘县志》卷 8（祥异），1 页
	顺治十四年三月	茂县、汶川一带	1657 年 4 月 21 日	康熙《四川总志》卷 25，9 页
	康熙五十二年七月	茂县叠溪	1713 年 9 月 4 日	康熙《绵竹县志》卷 1，18 页
清朝	雍正三年六月	康定一带	1725 年 8 月 1 日	乾隆《雅州府志》卷 6，36 页
	乾隆十三年正月	汶川一带	1748 年 2 月 23 日	《清代地震档案史料》121 页；《清档·军机处录副奏折》128 号
	乾隆十三年四月	松潘、漳腊一带	1748 年 5 月 2 日	《清档·军机处录副奏折》128 号
	乾隆十三年闰七月	康定一带	1748 年 8 月 29、30 日	《清代地震档案史料》121-124 页

地震灾害频发地区的人口迁移与分布问题研究——以四川龙门山断裂带为例

表1-1（续）

朝代	年代	地点	日期	文献出处
清朝	乾隆十三年八月	小金县一带	1748年10月9日-12日	《大清历朝实录》乾隆朝卷323，6-7页《清代地震档案史料》122-123页
	乾隆五十一年五月	康定一带	1786年6月1日	《清代地震档案史料》126-129页
	乾隆五十七年七月	康定一带	1792年9月7日	《清代地震档案史料》130页
	乾隆五十七年十月	泰宁一带	1792年11月30日	《清代地震档案史料》131页
	嘉庆十六年八月	康定一带	1811年9月27日	《清代地震档案史料》132-133页
	嘉庆二十一年十月	炉霍一带	1816年12月8日	《清档·军机处录副奏折》212页
民国时期	民国二十二年	茂县、汶川一带	1933年8月25日	《中国地震目录》（第一、二合订）276页

资料来源：四川地震资料编辑编组．四川地震资料汇编：第1卷 [G]．成都：四川人民出版社，1980.

邓绍辉．龙门山—岷山断裂带上的历史地震 [J]．西华大学学报（哲学社会科学版），2013（2）：18-22.

史料记载，除去诸如"蜀地震""西川大震"等难以确定准确地点的记载，这一区域的地震震级在7级以上每隔几十年就会发生1次，而7级以下震级的地震记录则更多。光是有史料记载的发生在威州、茂州、汶川一带的地震就超过50次，超过4.7级的有158次，其中8.0级有1次，7~8级的有17次，5~6级的有61次（不包含2008年汶川大地震的余震），震级最大的一次当属2008年5月12日发生的汶川大地震，最近发生的大地震是2013年4月20日发生在雅安的芦山大地震，震级达到7.0级。如此高频的大规模地震，在世界各大地震带上都是极其少见的。图1-3给出了该区域6级及以上地震发生的频率统计。

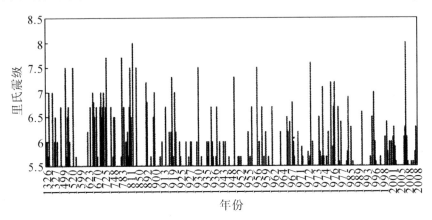

图1-3　龙门山断裂带发生的6级及以上地震统计

资料来源：四川地震资料编辑组. 四川地震资料汇编：第1卷［G］. 成都：四川人民出版社，1980；邓绍辉. 龙门山—岷山断裂带上的历史地震［J］. 西华大学学报（哲学社会科学版），2013（2）：18-22.

1.1.2　地震带来的人口、生命及财产损失

（1）1933年茂县叠溪大地震造成损失情况

从民国二十三年（1934年）《西部科学院地质研究所丛刊：四川叠溪地震调查记》中的记载可窥探叠溪大地震所造成的巨大破坏力和人员伤害。"……在大地震之一分钟时间，叠溪城即时毁灭。其西侧邻河之一部向河中崩塌，一部垂直向下陷落，其一部分为自东侧山上滚下之岩石所压覆。叠溪西岸之龙池山，与叠溪隔河相望，其上有湖曰龙池，风景幽丽，其侧有龙池村，居民二十余家。大震时亦向岷江中倾倒，龙池村全部覆灭，龙池亦涸……""……黑水龙坝大震之时山峰崩塌，覆压村落之上，平地或崩陷或折裂成为荒地，路断沟寨，地形上之变迁其大……"

根据《叠溪地震琐记和对地震的初步认识》（1958 年）中的不完全统计，茂县叠溪大地震和其后的水灾共造成 6 135 人死亡，其中叠溪城居民死亡 570 多人，松坪沟、黑水河各死亡 1 300 多人，造成 12 800 多人受灾。冲毁农田 7 700 多亩①，房屋 6 800 多处。松坪沟内羌民的石砌房全被震毁，黑水河碉楼大都震垮，其他物资损失如牲畜、衣物在外。灌县都江堰内、外河口，冲成卵石一片，渠首工程扫荡无余，防洪堤坝荡然无存。各河桥梁，山内索桥，山外木桥、石桥全被洪水吞没。灌县一处仅木、炭两行商人，不完全统计的损失货物在 200 万元以上。

　　（2）2008 年汶川大地震及其灾害损失情况

　　2008 年汶川大地震造成大量人员伤亡和孤残家庭。汶川大地震灾害损失统计资料（见表 1-2）显示，地震因灾遇难 68 684 人，失踪 18 238 人，受伤 360 358 人，从废墟中救出 83 988 人，共救治伤病员 1 336 621 人，住院治疗 90 066 人，向外省转院治疗伤病员 9 340 人，临时安置 8 207 235 人。对震区家庭造成了不可挽回的损失，形成了大量孤儿、孤老、孤残家庭，其数量分别达到 701 人、1 148 人、1 001 个。其中，龙门山断裂带所处县（市、区）共有 42 个，占总受灾县（市、区）的 26%，共有 1 192 个乡镇受灾，占整个受灾乡镇的 32%。从受灾人口来看，龙门山断裂带区域的受灾人口数超过总受灾人口数的一半，而死亡人口、失踪人口、从废墟中救赎的人口几乎全部集中在这个地震区，临时安置人口数占比也接近 90%。

表 1-2　汶川大地震中四川省与龙门山断裂带县（市、区）受灾人口统计

统计单位		受灾县	受灾乡镇	受灾人口统计/人						
				受灾人口	死亡	安葬	失踪	受伤	从废墟中救出	临时安置
四川省		159	3 720	29 429 310	68 684	68 669	18 238	360 358	83 988	8 207 235
39 个国定重灾县	10 个极重灾县	10	213	3 610 344	67 035	66 080	17 953	292 571	81 967	2 870 264
	29 个重灾县	29	830	11 457 300	1 128	1 324	133	48 801	1 984	4 172 282
12 个省定重灾县		12	437	4 485 259	111	111	6	1 944	3	142 693
总计		51	1 480	19 552 903	68 274	67 515	18 092	343 316	83 954	7 185 239
龙门山断裂带县(市、区)受灾总计		42	1 192	15 471 818	68 430	68 430	18 203	342 406	83 955	7 075 314
龙门山断裂带受灾占比/%		26	32	53	99.7	99.7	99.9	95	99.9	86

　　数据来源：《5·12 汶川特大地震灾害损失统计评估资料汇编》。

---

　　① 1 亩≈666.67 平方米。

城乡房屋损失惨重。城市居民住房倒塌或者损毁 1 933 万平方米，严重破坏 6 876.6 万平方米，受影响居住人口 97.8 万户、285 万人，直接经济损失共计 1 020.8 亿元。其中 51 个重灾县直接经济损失达 852 亿元。农村居民住房倒塌 160.6 万户、15 449 万平方米，严重受损房屋 187 万户、17 980 万平方米，直接经济损失共计 1 005 亿元。其中 51 个重灾县直接经济损失共计 889.7 亿元。

国土资源和生态环境破坏严重。地震造成耕地受损面积达 87.5 万亩、损失面积 18 万亩。增加了地质灾害隐患点 3.4 万处，震后发生地质灾害（包括滑坡、崩塌、泥石流、其他灾害）1.2 万处。造成生态环境损失面积达原有总量的 8%，损失金额接近 300 亿元。

交通基础设置损失惨重。光是交通运输系统，损毁高速公路 299 千米、干线公路 3 026 千米、农村公路 18 800 千米、桥梁 563 座、隧道 42 座，损毁县级以上客运站 143 个、农村客运站 543 个，码头 200 个，道班房损毁面积 46.9 万平方米，养护设施损毁 116 台（套），办公用房损毁面积 49.9 万平方米。成都铁路系统受损路线 2 572 千米、桥梁隧道 377 座、路基 669 千米、涵渠 59 座、信号设备 58 站、房屋建筑物面积 331.4 万平方米。另外，城市给排水、市政道路、水利电力设施、通信系统等也遭到严重破坏。

其他方面的直接经济损失包括工业设施与设备损失（工矿企业、厂房、设备设施、产品材料等）、农业系统（农业、林业、畜牧、农机等）、服务业（金融与银行业、旅游、商贸物流、粮食、供销、邮政等）、社会公益事业（教育、卫生计生、文化、文物、民政、广播电视、体育场所与设施、宗教场所、环保系统）、党政机关事业单位、城乡居民室内外财产，直接经济损失超过 5 000 亿元。除此之外，参考国际类似地震间接经济损失的通常估算方法，间接经济损失按直接经济损失的 2.5~3 倍计算，汶川大地震的间接经济损失高达 1.9 万亿~2.3 万亿元。

因此，从龙门山断裂带的地震灾害损失来看，主要有以下几个方面的特点：一是人员伤亡大。龙门山断裂带的地质条件极其脆弱，地表和植被损毁严重，地震加上地震后的次生灾害往往造成大量的伤亡。二是房屋大量倒塌。龙门山断裂带地区分布着大量的农村住房，同时城镇地区也分布着大量的企业厂房。农村居民的楼房质量差、防灾避灾意识淡薄，一旦发生地震，便会造成大量财产损失。三是次生灾害频发。龙门山断裂带区域经过大江大河的深切和长期地震造成脆弱的地质条件，同时山高、坡陡，滑坡、崩塌、泥石流等灾害频繁发生。四是基础设施损毁严重。这一地区分布着很多重要的交通要道，在此地修建基础设施原本难度就高于其他地区，将耗费大量的人力、物力，地震一旦发生很容易造成交通设施的大面积损毁。五是造成的直接和间接经济损失巨大。龙门山断裂带及其附近不仅穿越偏僻的羌族、藏族地区，历史文化悠久，广布大量的世界文化遗产遗迹和文物古迹，东部附近还分布着大量的工业地带，频发的地震造成的损失难以估量。

1.2 研究目的、研究意义

1.2.1 研究目的

通过对地震灾害频发的龙门山断裂带区域人口迁移与分布问题的研究，探讨在灾害频发区如何处理人口迁移分布与自然地理环境和社会经济发展水平之间的关系，从而达到规避自然灾害风险、降低因灾受损人口比例，以及实现区域人口安全和均衡发展的目的。本研究的最终目的是，探究该特殊区域人口迁移与分布导致地震灾害发生及灾害危险度上升的联系机制和原理；探寻通过人口迁移与再分布，使人类与自然环境之间形成和谐共处、协调发展的可持续模式。具体来说，有三个基本目的：其一，客观描述该区域人口分布与迁移的现状，包括区域人口密度、人口流动强度、人口集聚、贫困人口和少数民族人口的现状及空间分布特征，以及对区域内部不同单元的差异性分析，从而对研究区域的人口迁移与分布现状，有一个全面客观的描述。其二，对该区域影响人口的自然地理环境因素和社会经济发展水平进行分析。具体阐述区域的地震及次生灾害发生情况与空间分布，生态环境脆弱性状况和其他自然灾害的区域特征；分析区域社会经济发展水平的整体现状以及区域内部的差异性。其三，从宏观视角和微观视角，在理论上分析人口迁移、分布与自然地理环境及社会经济发展水平之间的基本关系；利用实证计量模型，对不同因素与人口迁移分布的耦合协调关系以及综合效应进行分析，从而为构建更有针对性的区域人口迁移分布模式提供依据。

1.2.2 研究意义

（1）理论意义。一是试图拓展灾害人口学的基础理论。通过对人口迁移与分布、自然环境、社会经济相互关系的研究，尝试性地探索地震灾害频发区域人口数量、迁移、分布情况在导致地震及其他灾害危险度上升过程中的机制和原理，为构建灾害人口学的理论框架提供方向。二是试图丰富人口迁移与再分布理论。通过研究龙门山断裂带地震灾害频发区域 42 个县（市、区）人口迁移与再分布问题，对人口迁移内涵做出全新的界定，进一步分析自然灾害频发地区人口迁移与再分布的规律，探索使人类与自然环境和谐共处、协调发展的模式。

（2）实践意义。一是借鉴价值。通过对龙门山断裂带地震灾害频发区域42个县（市、区）人口迁移与再分布模式的研究，试图详细分析各个模式的内涵、具体做法及优势与问题，在其他相似区域制定人口迁移与再分布措施时，对其有一定的借鉴价值。二是参考价值。通过研究提出较有针对性的建议，特别期望对特殊区域的迁出人口，包括少数民族人口、贫困人口制定和实施有针对性的人口迁移流动政策。

1.3 研究内容

通过系统的文献梳理、理论研究和实证研究，期望达到的总体目标：探究该特殊区域人口迁移与分布导致地震灾害发生及灾害危险度上升的机制和原理，探寻通过人口迁移流与再分布，使人类与自然环境形成和谐共处、协调发展的理想模式。具体而言，就是通过探索人类活动与自然地理环境、社会经济发展水平之间的相互关系，为区域人口合理分布与再分布、如何规避自然灾害的风险、减少人员伤亡与财产损失等，提供相应的对策与建议。为此，本书共分八个部分来研究。

第1章重点介绍研究背景、研究目的和研究意义、研究方法与数据来源等问题。研究背景主要描述龙门山断裂带是地震以及地震灾害频发地区。该区域是历史上的灾害高发区，区域特殊的地质构造给这一地区的人口分布带来了重要的影响，频发的地震灾害也造成了生命财产的重大损失。尤其是汶川大地震和芦山地震，给整个区域带来了极大的人员伤亡和财产损失，因灾被迫迁移（含域内外人口搬迁、安置等）的人口规模较大，对该区域的迁移与人口分布问题，必须高度重视。研究目的主要是通过对该区域人口分布、人口密度、人口迁移流动特征和区域的自然灾害分布、生态环境脆弱性的关系的研究，对影响人口集聚因素进行分析，尝试找出合理规划该区域人口再分布的基本模式，以尽量避免自然灾害对人口的威胁，促进区域人口与生态环境和社会经济的协调发展。此外，阐述了本研究的意义，认为该研究既具有理论价值也具有实践价值。

第2章，文献回顾。本章通过对国内外既有文献的梳理与归纳，总结前人研究的成果，为本研究提供理论、思路和方法等。文献重点集中在三个方面：

第一方面主要涉及自然地理环境和人口迁移与再分布的关系，包括梳理、归纳自然灾害，尤其是地震灾害及地震次生灾害等对人口迁移与分布的影响以及灾害频发地区人口分布的基本规律等。第二方面主要梳理了社会经济发展水平与人口迁移和再分布的关系。因为自然地理环境作为客观因素，是影响人口迁移与分布的前置条件，人类无法从根本上改变其对人口分布的影响。但随着人类社会的发展，自然地理环境对人口分布的制约与束缚作用也越来越弱，越来越起重要作用的是区域的社会经济发展水平，社会经济在区域间的差异越来越成为影响人口迁移与再分布的主导因素，因而在考虑区域人口迁移与再分布的过程中，要更加重视社会经济的影响。第三方面主要是对针对灾害频发地区人口迁移与再分布的对策和建议的梳理，为更好促进地震灾害频发地区人口发展提供借鉴。最后，对相关文献进行了评价，指出现有研究的借鉴价值、缺陷及本研究的切入点。

第3章，关系研究。本章在文献回顾的基础上，应用人与自然关系的基本原理，构建起本书的理论分析框架，重点分析了三个层面的理论：其一，人与自然的总体关系。从哲学的高度揭示了人与自然环境的相互关系，人与自然的相互作用是内化于人类活动的各个方面的，包括人口的迁移与再分布。其二，探讨了自然环境，尤其是自然灾害、生态破坏等与人类活动（尤其是人口迁移与分布）之间的关系。其三，重点分析地震灾害与人口迁移、分布、再分布的关系，指出人口迁移、分布与再分布，实质上是人类与自然之间相互适应的动态过程。

第4章主要对龙门山断裂带区域42个县（市、区）的人口迁移与分布现状进行分析，包括对人口密度、人口流动强度、区域贫困人口和少数民族人口的空间分布特征、地理区划差异、时间演变趋势等进行分析。详细描述了该区域人口数量、人口分布与人口迁移等区域整体特征和区域内部的差异性；同时也分析了该区域人口的多重性和复杂性，该区域不仅是人口流动性较强的地区，更是少数民族人口和贫困人口集中分布的区域。因此在未来人口迁移和再分布的过程中，要充分考虑该区域人口特征的多重属性。

第5章就该区域资源环境和社会经济发展水平的多重属性进行了分析，重点介绍了区域的自然灾害、生态环境和社会经济发展水平等现状和特征。其先对区域的自然灾害危险度尤其是地震及地震次生灾害进行了分析。该区域不仅是地震灾害频发区，也是自然灾害危险度等级较高的地区，且在区域整体上呈现出普遍性。同时对区域的生态环境脆弱性进行评估，发现该区域不但自然灾害危险度等级高，且生态环境整体上也极为脆弱，这两者在空间分布上呈现出高度的耦合。但就区域内部而言，差异也较显著，这一特征对该区域的人口分布造成了极大的影响。其次，对区域的社会经济发展水平进行了分析，同时还分析了区域整体与区域内部的发展差异。

第6章就自然地理环境、社会经济条件和人口迁移与分布进行了实证研究。本章重点构建了实证计量模型，对不同因素与人口集聚之间的关系进行了更进一步的分析。第一小节，主要是自然地理环境对人口集聚的影响。通过构建两者的耦合协调模型，对其耦合度与协调度的整体水平和区域内部差异进行了解释。第二小节，主要是社会经济发展对人口集聚的影响，也是通过构建耦合度与协调度模型对其关系进行了分析。第三小节，考虑到人口集聚的空间特征，通过构建空间计量模型，分析了多种因素对人口集聚的综合影响以及地理空间效应等。

第7章从成本收益视角，对人口的迁移与分布进行分析。第4章至第6章，从宏观层面分别进行了理论与实证的研究，揭示了自然地理环境与社会经济发展水平对人口迁移与再分布的影响。本章则考虑到人口迁移与再分布，最终要由个体的行为决策来决定，因此，通过微观视角对人口迁移与再分布的成本收益进行分析。虽然宏观因素（自然地理环境和社会经济发展水平）会导致人口的迁移与再分布，但人口迁移与再分布还要取决于个体的迁移行为，更重要的是要权衡迁移的成本收益，才能做出最终的选择。本章选取了受汶川地震破坏极为严重的地区之一——绵竹市作为研究对象。通过抽样调查获取该市四个村的一手数据，构建人口迁移的成本收益模型。通过对比迁移人口组迁移前后在货币收益、货币成本、非货币收益、非货币成本等方面的差异，分析了影响人口迁移的主要微观因素。

第8章主要研究龙门山断裂带地区的人口迁移与再分布模式，并提出相应的建议。探索并提出了规避自然风险、协调区域整体发展的人口迁移和再分布模式。本章从规避自然灾害风险角度，提出了"整体搬迁模式"和"归并整合模式"；从适应社会经济发展的角度提出了"统筹城乡新型城镇化模式""产业整合推动发展模式""核心城市吸纳融入模式"。并就每种模式的概念、具体做法、主要优势和存在的问题进行了详细的论述。同时，结合微观个体的成本收益决策行为及国家主体功能区规划，提出了相关的建议。

全书具体研究框架及内容见图1-4。

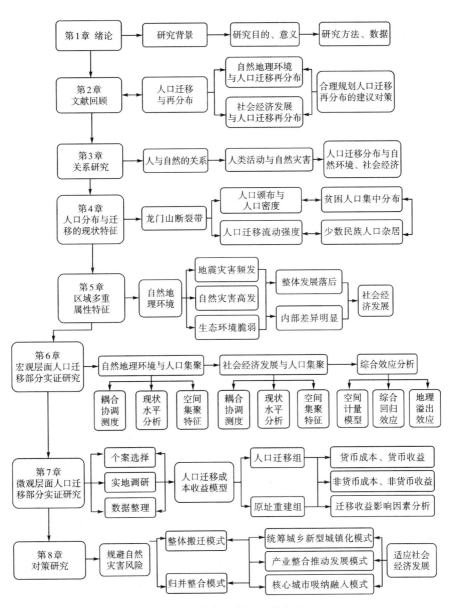

图1-4 全书研究框架及内容

1.4 研究方法与数据来源

1.4.1 定性与定量相结合的方法

本研究使用定性分析的方法，首先对相关文献和理论进行了系统梳理，对涉及的相关概念给予了清晰的界定，从人与自然的关系原理出发，对人口迁移分布与自然地理环境、社会经济发展水平的相互关系进行了解释。在明确基本概念和关系的基础上，构建本书的理论分析框架作为全书的指导。其次利用定量分析方法，借助 Excel、SPSS 和 ArcGIS 等分析软件和工具对研究区域人口迁移与分布的基本状况，如人口密度、人口流动强度、贫困人口以及民族人口等的基本现状和特征进行了描述与分析。同时对影响人口迁移与分布的自然地理环境特征，如地震及其他自然灾害、生态环境以及社会经济发展水平等因素的基本状况与空间特征，也进行了相应的定量分析。

1.4.2 宏观与微观实证相结合的方法

本书重点研究地震灾害频发区的人口迁移与分布问题。从宏观上讲，人口迁移与分布深受自然地理环境的影响，尤其是一定区域的地形地理、气候水文、灾害状况以及生态环境等因素。这些因素是客观存在的，是长期制约人口迁移与分布且不可变更的，因而其对人口迁移与分布的影响是不容忽视的。但随着社会经济的发展，人类生产力和改造自然的能力在不断提升，适应环境的能力越来越强，因此，社会经济发展水平以及由此造成的地区差异，越来越成为影响人口迁移与分布的主要因素。所以，本书先从宏观层面对地震灾害频发区的人口迁移与分布问题进行探讨。但是，人口的迁移与分布最终还是要取决于个人的行为决策，个体在做出是否迁移的决策时首要考虑的是迁移所带来的成本与收益。因此，本书还要从微观层面，通过选取研究对象、实地调研获取数据等办法，从个体行为决策的视角对该区域的人口迁移与分布问题进行分析与探究。本书拟采用宏观与微观相结合的视角，针对地震灾害频发地区人口迁移与再分布问题，提出有建设性的对策与建议。

1.4.3 文献研究与实地调查相结合的方法

文献研究法是所有分析研究的基本前提，本书同样采用了文献分析的方法。通过知网、西南财大图书馆资源库等，对涉及的相关问题进行了大量的文献搜集整理。对人口迁移与分布的概念、人口迁移分布与自然地理环境和社会经济发展水平的相互关系、人口迁移与再分布的个体决策行为和成本收益、以及针对地震灾害频发区域人口迁移与再分布的对策建议等相关文献，都进行了梳理。在结合相关理论的基础上，对研究对象、研究核心概念给出了相应的定义，构建起了本研究的理论与实证研究框架。为使研究更具有针对性和说明性，本书还使用了实地调查方法。通过制定合适的调查方案，对绵竹市清平乡和金花镇的四个村因灾迁移相关问题进行实地调研，获取一手数据，并对数据进行规范化处理，对比了人口在迁移前后的成本收益，为微观层面的研究打下了基础。

1.4.4 数据来源

本书的数据来源，主要有三个部分：

（1）反映人口分布与迁移、区域社会经济发展水平的数据主要来自《四川省统计年鉴》（2010 年，2015 年）；2010 年四川省人口普查和 2015 年四川省人口 1%抽样调查数据；部分年限的《阿坝州统计年鉴》《广元市统计年鉴》《绵阳市统计年鉴》《德阳市统计年鉴》《成都市统计年鉴》和《雅安市统计年鉴》。

（2）反映区域自然地理环境状况的数据主要来自《四川省资源环境承载力评估研究报告》（2012）。

（3）个体迁移决策行为的数据，来自本课题组的实地调研。

（4）书中对特别需要解释的数据，已在相应的部分进行了说明。若无特殊说明，则本研究使用数据均出自以上来源。

2 文献回顾

人口的迁移与分布是一个较为宽泛的研究问题，历来都是各学科领域研究的热点，而地震灾害频发地区的人口迁移与分布则显得更为复杂和特别。一方面，在频发的地震及其次生灾害的影响下，该地区的人口分布始终处于一种不稳定状态，人口的迁移流动时常发生；另一方面，灾害频发地区频繁的人口迁移和复杂的人口分布又关系到社会经济的方方面面，从国家政策方针到人民生产生活。人口问题无小事，因此，人口迁移及分布的相关问题成为有关专家学者们关注的重点，大量的研究成果层出不穷，对研究地震频发地区的人口迁移和分布问题具有重要的借鉴意义和指导作用。

2.1 相关概念界定

2.1.1 人口迁移

关于人口迁移的概念，学界存在多种不同的界定方式，但主要集中在时间限定、空间限定和迁移目的三个方面。其中，空间的变化是人口迁移的核心特征。张纯元在《人口经济学》一书中指出："人口迁移是从已有定居点出发的新的空间变动的过程。"[①] 毛况生等人认为："人口迁移是指人口在地理位置上的变动，即人口从一个地区向另一个地区的迁移。"[②] 胡焕庸、张善余等也从空间变动的角度对人口迁移做出了界定[③]。我国最早对人口迁移做出完整解释的是魏津生，他认为人口迁移就是"发生在国内不同省区或县（市、市辖区）之间的各类改变户口登记常住地的人口移动以及发生在各经济类型地区之间的

① 张纯元. 人口经济学 [M]. 北京：北京大学出版社，1983.
② 毛况生. 人口学原理 [M]. 北京：中国财政经济出版社，1989.
③ 张善余. 人口地理学概论 [M]. 上海：华东师范大学出版社，1997.

和各自然类型地区之间的具有人口学意义的改变户口登记常住地的人口移动"①。上述定义，都着重强调了人口迁移的空间移动，也是人口迁移最突出的表现形式。

此外，另有学者进一步延伸了人口迁移的内涵，在空间变动的基础上对迁移的时间和目的属性进行了界定。美国学者 W. 彼得逊指出："迁移是人们在特定时间内移动特定距离以改变其永久住处"。而 E. S. 李（Everett S. Lee）则进一步对这一时间做出了明确的限定，他认为，"广义地说，迁移就是居住场所的永久性或半永久性变更"。按照国际人口学会组织（IUSSP）的《多种语言人口学辞典》给出的关于人口迁移的较为普遍的定义，人口迁移指的就是"人口在两个地区之间的地理流动或者空间流动，这种流动通常会涉及永久性居住地由迁出地到迁入地的变化，人口迁移是一种永久性迁移，它不同于其他形式的、不涉及永久性居住地变化的人口移动"。而美国人口咨询局编写的《人口手册》则将永久或半永久定居作为人口迁移的目的并对其下定义。从人口学的角度来讲，居住超过半年（6个月）人口就被视为常住人口，不考虑户籍的变动因素，可视为一种特殊形态的迁移，这就使人口迁移有了时间和迁移目的上的属性。

2.1.2　人口分布

人口分布是与人口迁移密切相关的一个概念。简单来说，它指的就是人口在地理空间上的分布状况。人口地理学对人口分布做出了较为完整的论述，即在某一时间范围内，人口在某一地域空间内的分布状况或构成情况，包括集聚以及疏密等状况。

张善余在《人口地理学概论》中将人口分布的概念进一步划分为广义和狭义两种。狭义的人口分布仅限于反映人口数量在地域空间上的分布状况，一般指某一特定时点人口在一定地理空间范围内的数量集中和分散状态，是人口空间分布和人口地理密度的反映；而广义的人口分布则不仅反映了人口的数量分布和地理密度，还指人口总体的分布状态，包括人口各种过程的空间表现形式，如人口结构、人口质量、人口的居住类型、人口城镇化和人口再生产等问题。

人口分布是一个不间断的过程，并通过人口再分布的形式实现。人口分布同样也是一个国家和地区人口与自然资源环境和社会经济发展关系的最综合体

---

① 魏津生. 国内人口迁移和流动研究的几个基本问题 [J]. 人口与经济，1984（6）：32-37.

现，是自然、经济、社会、政治、文化等多方面因素共同作用的结果①。

2.2 自然环境因素对人口迁移与分布的影响

自然生态环境为人类生存和发展提供了不可替代的重要物质基础，人类生存离不开适宜的自然环境和丰富的自然资源，淡水、土壤、矿产等均会影响人口的迁移和流动。而环境的变化和破坏也将是引起人口迁移和分布的主要原因之一。

2.2.1 生态环境、自然资源与人口迁移分布

王桂新指出，我国人口的地域分布及其变动，主要受到经济发展状况和自然资源环境的影响，其中自然环境的约束是极为深刻的②。正是自然环境条件的东西部差异，造成了中国人口的分布差异，因而地形、气候等自然环境条件对人口的迁移分布起到了决定性的作用。董春、刘纪平、赵荣、王桂新运用GIS 技术和空间数据，建立起包括地形、土地面积、土地利用等要素组成的地理因子库，并通过各类因子与人口的相关性分析建立起人口分布模型，证实了各类地理因子与人口分布之间的相关性③。封志明、唐焰等同样利用 GIS 技术和窗口分析等方法，通过分析计算中国地形起伏度与人口分布规律的相关系数，得出了地形起伏分布规律对人口分布具有重要影响的结论④。李旭东、张善余在对贵州喀斯特高原人口分布问题进行研究时同样发现，贵州特有的地理环境和地质条件，是造成该地区人口分布不均衡的重要原因⑤。山地的海拔高度、地貌类型和山地高原的坡度等地理因素，成为高原地区人口实现空间转移的主要制约条件。由此可见，地理条件的差异对人口分布差异起到了关键性作用。

在研究土地资源与人口迁移和分布关系的文献中，贺交生指出，人口的分布和发展受到土地资源质量和数量的制约。土地质量的差异是造成人口分布不

① 佟新. 人口社会学 [M]. 北京：北京大学出版社，2010.

② 王桂新. 中国人口的地域分布及其变动 [J]. 人口研究，1998（6）：41-46.

③ 董春，刘纪平，赵荣，等. 地理因子与空间人口分布的相关性研究 [J]. GIS 技术，2002（4）：61-64.

④ 封志明，唐焰，杨艳昭，等. 中国地形起伏度及其与人口分布的相关性 [J]. 地理学报，2007（10）：1073-1082.

⑤ 李旭东，张善余. 贵州喀斯特高原人口分布与自然环境定量研究 [J]. 人口学刊，2006（3）：49-54.

均的原因之一，而一定数量的荒地资源则为人口迁移提供了空间基础①。王银峰在研究低山丘陵区人口发展分布时指出，土地资源与人口分布有着密切的关系，是农业生产地区必不可少的要素，制约了山地丘陵区的人口分布。因此，当自然灾害和气候变化使土地资源量因受到影响而产生变化时，人口规模和分布都将发生相应的变化②。孙玉莲、赵永涛等在研究山区人口分布与环境要素的关系时也发现，居民点分布的密度与河流和道路的距离反向相关，而人口密度则与建设用地和农业耕地面积呈现显著的正相关关系③。

在此基础上，为了进一步明确土地资源与人口迁移分布的关系，吴玉平、徐永胜、段成荣等学者通过"土地承载力"这一概念分析了土地资源的数量、质量、人均占有量和产出水平对一个地区人口分布所起到的决定作用④⑤⑥。程希也从人口容量或人口承载力的角度研究了人口分布合理性的问题。通过对经济人口容量和资源环境人口容量两个指标进行考察和计算后发现，我国的人均资源占有量较低，资源分布严重不均，东部地区和中西部地区资源承载力的差异，是影响人口分布的重要因素⑦。

原华荣同样指出，土地生产力与自然环境密切相关，而这恰好是造成我国人口分布东密西疏的重要原因之一，也是评判分析人口分布是否合理的主要依据⑧。廖顺宝、李泽辉则运用多元回归方程，分析出四川省人口密度与土地利用方式之间的关系，并计算出了具体的相关系数。结果显示，人口分布与农业用地、生活用地以及工业用地之间的关系最为密切，进一步论证了土地利用方式对人口分布的重要影响作用⑨。

---

① 贺交生. 试论我国人口分布与土地资源的关系 [J]. 南方人口，1986 (2)：59-62.
② 王银峰. 从土地资源看低山丘陵区人口发展分布及整治对策 [J]. 地域研究与开发，1989 (6)：35-37.
③ 孙玉莲，赵永涛，曹伟超，等. 山区人口分布与环境要素关系的定量分析 [J]. 安徽农业科学，2011，39 (19)：11705-11707.
④ 吴玉平. 土地承载力与我国人口的合理分布 [J]. 南方人口，1991 (2)：47-49.
⑤ 徐永胜. 土地人口承载力问题初探 [J]. 人口研究，1991 (5)：37-42.
⑥ 段成荣. 土地承载力与中国人口分布 [J]. 南方人口，1993 (2)：15-19.
⑦ 程希. 对不同地区人口分布与经济和资源环境关系的总体评价 [J]. 人口与经济，1996 (6)：20-25.
⑧ 原华荣. 中国人口分布的合理性研究 [J]. 地理研究，1993 (3)：64-69.
⑨ 廖顺宝，李泽辉. 四川省人口分布与土地利用的关系及人口数据空间化试验 [J]. 长江流域资源与环境，2004（6）：557-561

2.2.2　生态破坏、自然灾害与人口迁移分布

生态环境和自然资源对人口迁移和分布具有十分重要的影响，这就意味着生态破坏和自然灾害也将在很大程度上影响和制约人口的区域分布和空间转移。

白中科和左寻通过对我国矿区土地开垦和破坏情况进行研究分析发现，过度开垦造成的矿产资源的枯竭和滑坡、泥石流、河道阻塞等环境灾害使土地收益越来越低，人类的生存空间越来越少，从而造成了人口的迁移①。张善余在研究山区人口合理再分布的问题时指出，由于经济、资源和生态环境上的制约，山区相较于平原地区承受着更大的人口压力，在那些生态环境脆弱、水土资源匮乏、地质灾害频发的山区，其分布的人口应该列为重点搬迁对象②。通过劳务输出、人口迁移等途径，实现山区人口的合理再分布。李雨停等在研究传统地理要素与人口迁移分布关系的基础上，进一步提出了地理成本，即克服地理障碍、整治地理环境的资本对区域人口分布的约束作用③。他们指出，地理成本会影响人口对地理分布的选择。一般来说，地势低平、资源丰富、交通便利等自然条件优越的地区是人们理想的居住地区，而在自然条件恶劣、自然资源贫瘠、地质灾害频发的地区居住将在一定程度上增加人们的生产与生活成本，因而影响了人口的迁移和分布方向选择。

此外，自然灾害与人口迁移和分布也存在十分密切的关系，国际上将由环境变化引起的人口迁移现象称为环境移民。Bates，D. C 根据移民的原因、迁移行为的持续时间以及迁移的计划性又对环境移民做了进一步的划分，其中由地震灾害造成的人口迁移行为就是灾害移民的一种，属于三大环境移民④之一⑤。近年来，全球气候变化对环境所造成的不可逆转的负面影响，使洪涝、干旱、地震、泥石流等自然灾害频发，由此造成的环境灾害移民问题变得更为

---

①　白中科，左寻. 及时重建矿区生存空间避免出现人口大迁移 [J]. 山西农业大学学报（社会科学版），2003（1）：52-54.

②　张善余. 论人口合理再分布是山区脱贫开发的战略性措施 [J]. 人口与经济，1995（3）：3-9.

③　李雨停，丁四保，王荣成. 地理成本与人口空间分布格局研究 [J]. 中国人口·资源与环境，2009，19（5）：82-87.

④　三大环境移民：洪涝、干旱、泥石流、滑坡和地震等灾害性环境事件导致的环境移民称为"环境灾害移民"，沙漠化、荒漠化、水土流失等生态环境退化引起的环境移民可称为"生态移民"，环境污染事件导致的环境移民可称为"环境污染移民"。

⑤　Bates，D. C. Environmental refugees classifying human migration caused by environmental change [J]. Population and Environment，2002，23（5）：465-477.

频繁和复杂。美国学者 Anthony Oliver-Smith 在研究应对灾害的管理问题时就指出，受灾地区生态环境的脆弱性、灾后重建工作的长期性以及重建过程中灾区人口安置问题的复杂性，都使灾害移民问题面临诸多困境，迁移人口的物质需求和精神需要都是政府必须面对的重要挑战①。

但是，也有研究表明，自然灾害与人口的迁移行为不存在必然的联系。Paul，B. K（2005）在对 2004 年孟加拉国中北部地区遭受龙卷风后的移民问题进行研究后发现，在遭受自然灾害后，人们不一定会有迁移举动，因为政府和各类救助体系的灾后救援行为和积极的灾后重建工作，可以在很大程度上避免突发的自然灾害所造成的大规模人口迁移现象。但这也与当地的人口状况及政府工作质量有很大的关系。

2.2.3 地震灾害和人口迁移与分布

地震是自然灾害中突发性、破坏性较大的一种，是人类生存与发展面临的巨大自然风险。作为本书研究的重点，地震灾害无疑对人口迁移产生了十分重要的影响。而在 2008 年汶川地震之后，灾害移民更成为国内外研究的一个重点课题。就我国四川省的龙门山断裂带地区来说，由于特殊的位置和地理条件，在汶川地震前就有学者对其进行过研究。Kevin Holden Platt 在《国家地理》杂志上发表的文章中写到，早在一年前，中国、欧洲和美国的科学家们在对这一地区的地壳断层活动进行研究后就曾指出其爆发地震灾害的可能性，并且由于人口的贫困和建筑材料的局限，当地居民将面临很大的生命威胁和财产损失②。文章同时还提到，喜马拉雅地区因为大量的人口居住和迁移现象，也将面临和四川该地区同样的风险。

从人口承载力的角度来看，高晓路、陈田等运用区域人口容量分析的方法对地震灾区的资源环境承载力进行了评估，结果表明，地震发生后受灾地区的人口资源承载力分布格局发生了很大改变，部分县（市、区）人口容量超载，有必要采取跨县跨区域的人口迁移等中长期人口对策来解决各种人口问题③。此外，由于存在巨大的破坏力，地震会给当地的自然资源和社会环境带来严重

---

① Paul, B. K. Evidence against disasteR-induced migration: the 2004 tornado in north—central Bangladesh [J]. Disaster, 2005, 29 (4): 370-385.

② Kevin Holden Platt. Study Warned of China Quake Risk Nearly a Year Ago [J] National Geographic, 2008 (5): 128-134.

③ 高晓路，陈田，樊杰. 汶川地震灾后重建地区的人口容量分析 [J]. 地理学报，2010，65 (2): 164-176.

的破坏，从而形成对人口迁移和分布的影响。邓祥征指出，地震会对灾区的农业生产产生重大影响，除了耕地大面积损毁，粮食作物、经济作物、各类禽畜严重损失外，农业基础设施也遭受了惨重的损失，无法进行正常的农业生产活动①。而对于某些重灾区来说，这种破坏是长期的甚至是永久性的，因此，灾区农业人口必须进行异地转移和安置，才能解决其长远的生计问题。

从另一个角度来讲，地震灾害发生后，人口数量减少的同时，人口的素质和结构也受到了影响，受灾地区原有的人口平衡状态被打破，而生产资料的破坏和工作岗位的遗失也使受灾地区人口的生计能力受到严重影响。因此，进行人口生计重建，恢复人口的谋生能力，为其创造参与经济活动的就业机会将是灾后重建的一个关键。其中，实行区域移民，帮助受灾人口重建新的人口经济关系就是一种有效的解决方式②。

从现有研究成果和地区发展现状来看，龙门山断裂带的地质条件恶劣，在遭受多次严重的地震和次生灾害之后，土地尤其是耕地资源遭到了严重破坏，土地资源愈发贫瘠，生产效率急剧下降，土地再利用难度增大，为人们带来了生存上的压力，也因此导致了该地区大量的人口迁移行为。因此，从另一个角度来看，人口的迁移和再分布也是应对该地区自然风险的有效措施之一。

当然，在对地震灾害与人口迁移分布关系进行研究时，不能局限于人口、资源环境与地震灾害，还应该延伸至社会和经济发展的各个方面，由此也引发了在地震灾害背景下对人口迁移与分布问题的进一步拓展研究。

2.3　社会经济因素对人口迁移与分布的影响

2.3.1　经济水平差异与人口迁移分布

社会经济因素对人口迁移具有十分重要的意义。蔡昉研究了我国20世纪80年代中期以来的人口迁移浪潮，他认为，中国的城乡人口分布格局，是经济发展战略的产物③。在传统的经济体制下，劳动力是计划配置的，而市场经济体制的不断改革，则为劳动力的迁移和流动提供了极大的初始动力。因此，我国的人口迁移是符合经济发展规律的一种必然趋势。对此，王桂新补充，当

---

① 邓祥征. 汶川地震对农业生产影响评估及重灾区农业人口转移安置的建议 [J]. 人口与发展，2008（4）：28-32.

② 杨成钢. 汶川地震灾区重建的人口学思考 [J]. 人口与发展，2008（1）：32-34.

③ 蔡昉. 人口迁移和流动的成因、趋势与政策 [J]. 中国人口科学，1995（6）：8-16.

时的省际人口迁移与区域经济发展水平和收入水平的差异有很强的相关性，而这种差异正是我国人口在不同地区进行迁移和流动的主要拉力①。龙枚梅、王如渊等也提出了类似的观点。以四川盆地城市群的主要城市为例，他们指出，成都和重庆两大核心城市经济发达，城镇化水平高，长期以来都是人口迁移的主要目标，对周边中小城镇人口形成了很强的吸引力②。其人口分布也呈现出以两大核心城市为中心，随距离增加，人口密度逐渐递减的状态。这同样证明了经济发展因素对人口迁移的重要作用。李国平、范红忠也从地区经济差异的角度分析了人口分布的问题，他们认为，随着市场经济的快速发展，产业过多地向核心发达地区集中，但过低的人口极化作用却无法充分吸收其他地区的剩余劳动力，造成核心发达区域与人口分布高度失衡的现象，因此政府有必要从宏观上引导人口进行合理的迁移和再分布，逐步缩小地区经济差距③。

2.3.2 社会福利、公共服务与人口迁移分布

杜本峰、张耀军在对毕节地区人口分布特征及其影响因素进行研究时发现，自然资源、经济水平和社会发展等因素都会影响该地区的人口分布变动，但自然因素的影响日趋减少，经济水平和社会发展因素的影响越来越大，并且远大于自然资源环境的影响。一般来说，经济越发达的地区，人口越集中④。何一峰、付海京在对人口迁移的影响因素进行实证分析后也发现，经济发展条件是吸引人们迁移和流动的重要因素，其中收入水平、房价以及人力资本氛围对人口迁移决策具有显著影响，而消费水平、失业率和地区医疗卫生条件等因素的影响较小⑤。从社会制度的角度看，公共服务的非均等化也是影响人口迁移的原因之一。罗鸣令指出，人口迁移现象正是当前社会制度缺陷的一种表现，即公共服务的非均等化。从迁移路径、迁移速度和迁移结构来看，人口迁移的主要目的就是寻找更好的发展空间和生存环境，目前我国在城乡和地区之间存在巨大的差异，基础设施建设、基本教育、医疗、就业等公共服务供给的

---

① 王桂新. 中国区域经济发展水平及差异与人口迁移关系之研究 [J]. 人口与经济, 1997 (1)：50-56.

② 龙枚梅，王如渊，王佑汉，等. 四川盆地城市群主要城市人口密度空间分布及其演变规律 [J]. 西华师范大学学报（自然科学版），2010 (1)：95-100.

③ 李国平，范红忠. 生产集中、人口分布与地区经济差异 [J]. 经济研究, 2003 (11)：79-86.

④ 杜本峰，张耀军. 高原山区人口分布特征及其主要影响因素：基于毕节地区的 Panel Data 计量模型分析 [J]. 人口研究, 2011 (5)：90-101.

⑤ 何一峰，付海京. 影响我国人口迁移因素的实证分析 [J]. 浙江社会科学, 2007 (2)：47-51.

非均等化十分突出，这就造成了人口大量向发达地区迁移的趋势①。因此，进一步促进城乡一体化建设，优化公共服务的供给结构，将极大地促进区域人口迁移的合理化和科学化发展。

白积洋从经济学的角度进一步分析了人口迁移的空间选择。研究发现，影响迁移者空间决策的两个主要因素是人力资本存量和社会资本存量，其中人力资本存量与迁移地区的匹配度决定了人口迁移的流向，社会资本存量决定了迁移的速度和人口聚集的程度，而这两大资本存量则会共同影响人口迁移的地域转换成本和未来预期收益②。同时，两大资本存量之间还存在一定的负向关系，一般来说，人力资本存量较低的人会对社会资本存量产生较强的依赖性，进而对人口迁移产生一定的影响。

2.3.3 道路交通空间可达性与人口迁移分布

当然，交通条件也是影响人口迁移分布的一大因素。李骏在研究西部贫困地区的人口迁移时指出，我国中西部地区和边远山区贫困问题十分突出，其恶劣的自然环境、贫瘠的土地资源、落后的交通条件是造成该地区长期贫困的主要原因③。同时，这些问题及其所带来的封闭的思想意识、低下的人口素质以及严格的户籍制度，又成为限制当地人口迁移的巨大阻碍。王振波、徐建刚等则从空间可达性的角度出发，提出了县域可达性与人口分布的密切关系④。他们以时间为基础对我国县域交通可达性行进划分，并将其与我国人口密度进行曲线拟合。结果表明，不同地区的交通条件会直接影响人口的流动与聚集。可达性越高的地区，对人口产生的聚集作用就越强，但与人口密度的关系也越小。换句话说，在那些交通条件差，环境落后的偏远地区，交通作为主要的区域联系通道，会对人口聚集起到十分重要的作用；而在那些交通设施完善的发达地区，交通可达性会因为其他有利因素的存在而被削弱，从而在人口聚集中产生较弱的作用。因此，各地区应根据实际情况均衡发展自己的交通体系。

---

① 罗鸣令. 公共服务非均等化：人口迁移的财政制度原因 [J]. 经济论坛，2009 (4)：25-28.

② 白积洋. 人口迁移空间选择机制的经济学分析 [J]. 中国地质大学学报 (社会科学版)，2009 (5)：62-69.

③ 李骏. 从两西移民看西部贫困地区人口迁移 [J]. 甘肃社会科学，2001 (5) 54-57.

④ 王振波，徐建刚，朱传耿，等. 中国县域可达性区域划分及其与人口分布的关系 [J]. 地理学报，2010，65 (4)：416-426.

2.3.4 社会经济发展水平影响人口迁移分布的综合效应

此外，程希在研究人口合理分布问题时强调，经济人口容量和资源环境人口容量是人口承载力的两个重要衡量指标，但两者中社会经济发展水平尤其是生产力状况才是人口容量的决定性因素，是影响一个地区人口分布的重要条件①。朱宝树同样从人口承载力的角度指出，促成人口在不同区域间流动的主要因素，就是人口经济压力在区域间的差异，人口迁移在很大程度上源于人口数量与经济发展水平和资源环境承载力是否匹配的问题②。四川、甘肃等地区的人口，其经济承载力和资源承载力均处于超载状态，因此有必要对区际人口迁移进行合理的宏观调控。类似的概念还有人口压力。陈楠、王钦敏等就选择了人口压力指标，并运用 GIS 中的空间分析方法研究了我国不同地区人口规模与经济承载力之间是否协调的问题。分析结果显示，我国的人口压力总体上由东向西逐步减小，与经济发展状况呈明显的负向关系③。四川地区与周边区域呈现出高关联状态，使周边省份形成人口高压区域，人口压力较重，有必要采取一定的措施实行人口的合理再分布。

实际上，人口迁移与社会经济发展的影响是相互的。杨晓勇认为，从人口经济学的角度来看，不合理的人口分布，是制约山区经济发展的一大重要因素④。山区人口分布分散，再加上交通不便，基础设施落后，无论是在经济发展上还是在人口素质的提高上都存在很大的障碍。因此，建立经济开发区、调整产业分布、鼓励人口迁移、实现人口的合理再分布，将是促进山区经济发展的重要举措。蔡林在研究人口迁移流动与生态环境的相互影响时也提到了人口迁移对经济发展产生的积极效应⑤。人口从经济不发达的落后地区向发达地区迁移，可以促进迁移人口素质的提高，而人力资源的聚集又有利于资源的整合和生产效率的提高，从而再次促进迁入地区的经济发展。王兆萍也从人力资本积累和人口发展的角度出发，提出了人口迁移对农村地区脱贫的决定性作

---

① 程希. 对不同地区人口分布与经济和资源环境关系的总体评价 [J]. 人口与经济, 1996 (6): 20-25.

② 朱宝树. 人口与经济: 资源承载力区域匹配模式探讨 [J]. 中国人口科学, 1993 (6): 8-13.

③ 陈楠, 王钦敏, 林宗坚. 基于 GIS 的人口压力空间分布模式研究: 空间数据挖掘在人口学领域应用的实例 [J]. 计算机应用研究, 2007, 24 (4): 232-234.

④ 杨晓勇. 合理分布山区人口促进山区经济发展: 对大别山区人口、经济、生态发展的反思 [J]. 西北人口, 1996 (1): 19-22.

⑤ 蔡林. 人口迁移和流动对生态环境的有利影响分析 [J]. 生态经济, 2006 (6): 44-47.

用①。她指出，人力资本的缺乏是导致农村地区贫困的决定性因素，而人口的迁移和流动恰好可以通过扩大就业、提高职业信息量、优化教育结构和增加农技知识等方式迅速提高人力资本的质量和存量，是农村地区脱贫的一项重要手段，具有迁移的收益扩散效应。而包庆德、张燕则从可持续发展的角度指出，人口分布在数量、质量和结构上的生态化，是实现经济发展和社会进步的关键。经济社会发展的有效人口承载，需要形成合理的人口空间分布，实现人口与资源、环境和经济社会的协调发展②。

2.4 政策因素对人口迁移与分布的影响

实际上，除了自然资源环境和社会经济条件外，国家政策对人口的迁移和分布也起到至关重要的作用。王桂新将我国的地域类型按照从高到低的顺序，划分为城市、城镇和乡村三种。再根据人口迁移的层次变化，将迁移分为上移、平移和下移三类。数据显示，向上迁移的人口数量逐年增多，体现了当时国家对人口从农村地区向城镇地区迁移控制的放松。但从统计结果可以看出，"政策不允许"仍然是限制人口迁移，尤其是平移和上移的主因。只有进一步放宽政策，深化改革，才能有效促进人口迁移③。

以农业反补政策为例。2005 年，中央开始在全国范围内取消农业税，并计划对 800 多个农业大县实行农业反补。韦鸿在研究了农业反补政策对农村人口迁移的影响后指出，该政策增加了农民的收入和土地的资本价值，为农民增收做出了很大的贡献④。但也正是因为如此，农村人口向外迁移时将会付出更大的机会成本，放弃承包土地的代价降低了农村人口向城市迁移的意愿，因此，我国特有的农地制度是制约我国农村人口迁移的关键因素。同时，针对农村人口在迁移中普遍存在的"离乡不离土"的情况，陶然、徐志刚认为，虽然随着改革开放的推进，我国逐步放松了对流动人口的限制，但由于户籍制度

---

① 王兆萍. 迁移与我国农村区域贫困人口的人力资本积累：兼议地理环境决定论 [J]. 干旱区资源与环境，2007 (3)：1-5.

② 包庆德，张燕. 论人口分布生态化与可持续发展 [J]. 中国人口科学，2005 (S1)：206-210.

③ 王桂新. 不同地域层次间人口迁移问题的研究：根据中间地域层次小城镇角度分析 [J]. 西北人口，1989 (2)：30-37.

④ 韦鸿. 农业反补政策对农村人口迁移和农地制度的影响与对策 [J]. 农业经济，2005 (11)：29-30.

改革的滞后和农地制度在操作中出现的一系列问题，农民不愿意以放弃农村土地为代价实现向城市的转移，使农村人口难以实现彻底的跨省区迁移①。由此可见，户籍制度和土地制度共同形成的制度障碍是制约人口迁移的一大因素。同样的，刘葳葳从土地流转权与农村人口迁移的关系出发，提出了土地流转对农村人口迁移的促进作用。她指出，土地流转可以有效促进土地的规模化经营，提高劳动生产率，一方面可以使农村人口从土地的束缚中解放出来，降低了农村人口向城市迁移的成本；另一方面在保证农村人口利益不受损害的前提下，不仅避免了土地的闲置，还实现了土地的规模效益。以此提高农村劳动力转移的积极性，促进农村的人口迁移②。因此，通过进行户籍制度、土地制度的改革，制定和完善相关法律政策，从而降低农村土地流转的制约条件，将是推动农村人口向城镇地区迁移的关键。

此外，刘传江、周玲和邵映红在研究中西部地区非自愿移民问题时指出，在实施西部大开发战略时，通过政策诱导，引导合理的地区内跨省流动和城乡人口迁移，尤其是针对预防自然灾害和改善生存环境的人口迁移工作，是西部大开发的一项重点工程③。通过安置补偿、资本投资、产业结构调整和人力资本开发等手段和政策形成人口迁移的推力和拉力，不仅可以降低移民安置的风险，还可以缓解人口迁移的强制性，并从人口、经济和社会等方面推动西部地区的可持续发展。

2.5　人口迁移与分布的对策研究

长期以来人口的迁移和分布问题都是各学科的重点研究课题，其中关于怎样实现人口的科学迁移和合理再分布更是政府和学界关注的重点。2008年，汶川大地震发生之后，关于龙门山断裂带以及相关人口迁移和分布问题的研究变得更加全面和细致，关于地震灾区和灾害频发地区的研究不断涌现。不少学者从灾后重建的角度，针对灾区的人口迁移和合理再分布问题提出了极具建设性的观点和意见。

---

① 陶然，徐志刚. 城市化、农地制度与迁移人口社会保障：一个转轨中发展的大国视角与政策选择 [J]. 经济研究，2005（12）：45-56.

② 刘葳葳. 土地流转权改革对农村人口迁移的影响分析 [C]. "新一轮西部大开发与贵州社会发展"学术研讨会暨贵州省社会学学会（2010年学术年会论文集），2010.

③ 刘传江，周玲，邵映红. 非自愿性移民安置与可持续发展：中西部开发的现实大课题 [J]. 人口与计划生育，2002（5）：33-37.

在人口迁移的合理性和分布规律的研究中，满颖之和隋干城指出，生产力的发展及其分布的变化是促进或阻碍人口迁移分布的主要原因①。因此，要实现人口的合理分布，就必须合理调整生产力的布局，有计划地安排生产。比如通过分散产业的布局，增加地方就业机会来加强地方对人口的吸引力，从而缓解中心城市的人口压力，实现区域人口的合理分布。对此，田雪原也指出，人口、经济和环境之间的协调关系是实现可持续发展的重要保障，其中，人口的地区分布和生产力布局也必须到达一种均衡状态②。中国特殊的二元经济结构导致不同城市和地区之间的发展状况存在较大差异，对于人口的数量和质量也存在不同的需求，在经济发展较为落后的中西部地区存在人口数量过多、质量较低的矛盾。因此，在调整人口分布与生产力布局时，需要将人口与经济状况结合起来，充分考虑各地区的优势和劣势，在劳动密集型、资金密集型和技术密集型产业中做出选择，合理引导人口的迁移和分布，保证人口与经济、环境的可持续发展。同样的，乔瑞迁在研究西北地区开发和移民问题时也提到，由于我国各地区自然基础条件和经济发展的差异，必须实行非均衡的区域开发战略③。当前，我国人口分布和迁移的倾向均集中在东部沿海等发达地区，而这恰恰是与生产力的布局，即工业重心的位置相一致的，使人口和经济发展形成了一种稳定状态。而西北地区由于存在生产技术水平低下、环境恶劣、交通落后等现实问题，大规模的移民只会加重国家和地区对移民安置的负担。因此，未来西北地区的人口迁移，还是应注重科技水平的提高和劳动力素质的提升，制定行之有效的政策吸引外来科技人员向西北地区迁移流动，通过经济的发展保障其良好的生活条件，从而实现人口分布和经济生态的平衡。

当然，除了产业布局外，还有许多引导人口合理布局的措施。张云钢认为，我国幅员辽阔，各地区自然资源环境条件差异巨大，社会经济发展极不平衡，从而导致了初始人口分布的不均衡④。而改变这种不均衡状态的有效措施就是促进人口迁移，实现人口的合理再分布。其中最主要的障碍因素，就是人口的地域居住惯性。由于人们长时间居住在某一个地方，已经形成了较为稳定的社会关系网络，其文化、语言、生活生产方式、风俗习惯、价值观念等都与

---

① 满颖之，隋干城. 关于人口地理分布规律性的探讨 [J]. 人口研究，1983 (4)：30-34.

② 田雪原. 人口、经济、环境的可持续发展 [J]. 中国社会科学，1996 (2)：4-15.

③ 乔瑞迁. 从我国人口及工业分布重心看大西北的开发与移民 [J]. 内蒙古教育学院学报（自然科学版），1993 (3)：33-35.

④ 张云钢. 论物质利益导向型的人口非平衡再分布 [J]. 云南师范大学哲学社会科学学报，1991 (3)：81-84.

居住地相适应。如果想要改变其生活的自然环境和社会条件，就必须克服原有的居住习惯，在充分考虑迁移成本和未来预期效益后，决定人口再分布的主要因素实际上就是物质利益了。因此，为了解决这种利益导向型的人口分布问题，就必须充分运用经济手段对物质利益关系进行调整，通过深化价格体系改革、调整工资关系、加强行政管理以及发展乡镇企业，创造良好的经济条件，正确调节和控制人口再分布的流向。此外，针对山区贫困人口的迁移问题，沈月琴、李明华认为，解决山区人口迁移和脱贫致富的有效对策，并不是引导山区人口外流，而是依靠本地资源发展地方产业，实现人口的内部迁移。这不仅可以促进地方产业的发展，提高当地农民的收入，还可以通过工业的发展为更多山区人口提供工作岗位①。因此，政府最主要的工作，还是在当地进行合理的工业发展布局，加强中小城镇建设，营造良好的发展环境，同时制定合理的劳动力迁移政策，促进山区贫困人口的内部迁移。胡小武在研究人口城镇化与人口迁移时也指出，2010 年全国"两会"期间，《政府工作报告》着重强调了促进中小城镇建设和发展的重要性，指出城镇化的核心是人口的就地转化或就近转化②。未来人口迁移的方向不应该是单一的农村人口向城市的转移，更重要的是农村人口的"就近城镇化"。这样，其不仅可以保留原有的生活方式和文化习惯，实现人口本土化的城市化，同时还有利于资源集中，全面提升城镇地区的综合能力。因此，必须全面统筹城乡一体化发展，统筹发展乡村工业化，均衡发展乡村公共服务，实现城市生活方式的全面转化，以促进人口的合理迁移分布。同时，苏扬认为，学界对人口均衡分布问题的研究角度比较单一，基本都以资源环境承载力为基础。但实际上，发展方式才是与人口分布高度相关的③。因此，想要实现人口的合理分布和有序流动，必须统筹考虑人口分布、经济布局、社会发展、土地开发和城镇化格局，积极推进财税制度改革，调整政绩考核体系，加快人口管理的相关制度改革，完善公共服务制度的建设，从而形成合理的空间结构，以促进人口的合理分布。

对于地震灾区和地质灾害频发地区的人口迁移对策研究，刘家强、车茂娟等指出，"5·12"汶川大地震不仅给人口数量和经济发展带来巨大的损失，

---

① 沈月琴，李明华. 浙江山区人口迁移与地方产业发展 [J]. 浙江林学院学报，1996（3）：328-332.

② 胡小武. 人口"就近城镇化"：人口迁移新方向 [J]. 西北人口，2011，32（1）：1-5.

③ 苏扬. 中国人口分布合理性研究 [N]. 中国人口报，2011-05-23（3）.

还严重破坏了自然资源和生态环境①。因此，按照可持续发展的要求，在灾后重建和人口迁移安置的过程中，应该制定科学的迁移政策和合理的迁移规划，统筹兼顾人口发展和自然环境的保护。首先，在实施迁移前对当地的人口适度容量进行科学的测算，包括经济人口容量和资源环境人口容量两种；其次，制定相关迁移法律法规，规范权利义务，完善处罚措施，明确管理职责；再次，优化城乡和产业布局，实行功能区的划分，引导人口向适宜的地区进行转移；最后，分阶段进行人口迁移工作，从安置临时的流动人口，逐步实现个人自发的自由迁移。沈茂英也从受灾地区的人口特征和自然生存环境的变化两个方面对灾后重建和人口安置问题提出了自己的看法。他指出，汶川大地震所释放的巨大能量，使四川龙门山区及附近县（市、区）的生存环境遭到了毁灭性的破坏②。人口、土地、自然资源、基础设施、城乡聚落等都损失惨重甚至不复存在，同时也使该地区的生态环境变得更加脆弱。在这种情况下，引导灾区人口进行合理的迁移，改善其生存环境，将是符合现实要求的战略选择之一。针对灾区人口压力过大的问题，首先，应制定相关的政策，通过依靠援建省份和劳动力的转移推进移民安置工作，并在医疗、住房和养老方面给予优惠政策，以鼓励人口积极主动地向外迁移；其次，协调人口与资源环境的均衡状态，以绿色可持续发展模式，提高各产业的人口容量，以接纳更多的迁移人口；再次，调整产业结构和城乡人口结构，实现合理的人口分布密度；最后，考虑到地震灾区羌族人口的大量存在，还是应尽量保留其原有生存环境的完整性，通过提高当地的人口承载力来保证羌族人民的生存空间。

穆光宗在讨论人口居住区分布的优化时也提出了类似的观点。他认为，要正确面对灾难，实施合理的应对策略，首先依然是加强公共安全的建设和完善保障体系；其次是要深化人与自然的协调关系，在环境条件恶劣、地质灾害多发的地区划分"人口居住危险区"和"人类居住不宜区"，严格控制人口密度，并引导人口向宜居地区进行转移，从而实现合理的人口分布③。李建华同样指出了规划国家主体功能区和人口发展功能区的重要性。他认为，除了建立灾后人口发展的长效应对机制、积极推进灾后人口计生事业的发展外，全面优化城乡、产业和生产力的布局，科学地划分适合进行重建以及不适合进行重建

① 刘家强，车茂娟，唐青. 灾后重建中的人口迁移问题研究 [J]. 人口研究，2008，32 (5)：1-9.

② 沈茂英. "5·12"汶川大地震受灾人口特征与生存环境变化分析 [J]. 西北人口，2008，29 (6)：83-88.

③ 穆光宗. 灾难与人口发展：优化人口居住区的分布 [J]. 晚报文萃，2008 (13)：14.

的区域，针对不同的人口和不同的迁移地分别实施不同的迁移策略，也是科学调控灾后人口流动的重要途径①。

在此基础上，还有许多学者着重强调地震之后对相关政策和制度的改革。沈茂英认为，生态环境会对灾区人口迁移产生较大的推力和拉力，以经济条件为主导因素的迁移是人口迁移的主要形式，但人口迁移同时还会受到农地制度和福利制度等政策因素的制约②。因此，在进行产业规划和国家主体功能区划分的同时，还应积极推进农村土地制度的改革，促进土地流转和土地资源的合理配置；完善灾区人口迁移的相关就业、入学、医疗、社保和迁移安置政策，鼓励灾区人口向城镇地区转移。此外，加大职业技能培训，提升灾区人口的自我发展能力是解决迁移人口发展问题的关键。文贯中则更为具体地阐释了土地制度和人口分布的关系。他提出，现行的农地制度是制约人口迁移和城市化进程的一大主要障碍。按照美国、日本等发达国家的经验，土地私有化可以大幅度地降低城市化的成本，吸引人口从西部地区向中部和东部转移，从而加快推进城市化的进程③。所以，想要降低地震带上的人口密度，实现人口在空间上的合理分布，就需要推进我国土地制度的改革。

此外，经济补偿也是科学应对人口迁移和分布的一项主要措施。魏津生在对我国水库移民政策问题进行分析时指出，在推进移民政策时，抓好对移民的社会补偿和经济补偿可以保证迁移人口的合法权益，保障其未来的良好发展。通过相关政策的制定帮助迁移人口尽快适应新的生活和生产环境，加快社会融入，并通过经济补助实现迁移人口及其迁移地区的经济发展。同样的，由地震灾害及其次生灾害所产生的地震移民，也可以结合社会补偿和经济补偿的方式来进行合理解决他们的困难，最大限度地避免人口迁移所造成的贫困现象④。

2.6 文献述评

已有文献对人口迁移与分布问题已经进行了多方面的探讨，包括人口迁移与分布的特征、影响因素以及合理规划人口布局与落实人口迁移政策等，并都

① 李建华. 地震重灾县（市）灾后重建中人口发展规模的预测分析：以成都市4个重灾县（市）为例 [J]. 人口与计划生育，2009（1）：15-16.
② 沈茂英. 汶川地震灾区受灾人口迁移问题研究 [J]. 社会科学研究，2009（4）：6-12.
③ 文贯中. 地震、人口分布与土地制度 [N]. 经济观察报，2008-05-26（44）.
④ 魏津生. 抓"经济补偿"不忘抓"社会补偿"：我国实施水库移民政策的一个重要问题 [N]. 中国经济时报，2009-08-24（007）.

取得了许多重大成果。但是，针对特殊地区尤其是专门针对地震灾害频发区的人口迁移与分布问题的研究成果还存在不少缺失。具体表现在以下几个方面：第一，对于地震灾害频发区人口迁移与分布的基本特征分析不够系统和深入。已有研究虽然论及自然地理环境、自然灾害等与人口迁移、分布的关系，但就特殊的地震灾害与人口迁移、分布之间的理论关系探讨还不够充分，对地震灾害频发地区人口迁移与分布的基本特征与规律、空间分布等缺乏系统的实证考察与计量研究。第二，对影响人口迁移、分布多重因素的分析尚显不足。人口的迁移与分布不仅受到地理环境、自然灾害、生态环境等的影响，还受到社会经济发展水平的影响。它们之间的影响是相互作用、相互关联的，并且自然地理环境的影响是客观的。本研究综合考虑了环境与社会经济因素，结合区域特征，对该区域的人口迁移与分布进行了多维禀赋视角的实证研究。第三，在实证分析方面，以往的研究往往忽略了人口集聚的空间特征以及空间相关性。而本研究在分别探讨人口迁移分布与自然地理环境的耦合协调现状特征、人口迁移分布与社会经济发展的耦合协调现状特征基础上，构建了空间计量模型，对该区域人口集聚的多因素综合效应进行了分析。第四，从研究视角上，既有研究往往忽视了宏观与微观相结合的分析，本研究在进行人口迁移分布宏观层面的现状、特征、影响因素分析的基础上，还进一步从微观个体的迁移抉择行为出发，通过实地调研，构建个体迁移行为的成本收益分析模型，全方位对人口迁移与分布的特征进行了研究。第五，对构建人口迁移与再分布模式上，以往的研究大多泛泛而谈，对策建议既没有突出地域特色，又不具有针对性。本研究在结合宏观与微观分析结论的基础之上，分别从区域整体和区域内部不同县（市、区）的差异出发，构建了针对自然地理环境和社会经济发展差异的 5 种人口迁移与分布模式，同时结合国家主体功能区规划，对该区域的人口分布从整体上提出了有针对性的建议。

3 地震灾害和人口迁移与分布的关系研究

要研究地震灾害与人口迁移分布之间的关系，必须在理论上搞清楚人与自然、人口与自然、地震灾害与人口迁移分布等的相互关系，搞清楚它们之间的内在逻辑联系。

3.1 人与自然的关系

人又称为人类，是区别于动物的种群，是对单个的有生命的历史的存在的个体的抽象。自然也称自然界，包括有机界和无机界，是指不以人类意志为转移的客观物质世界。人与自然的关系问题，是哲学中一个永恒的命题，也是其他许多学科学术研究中的一个基本问题。因此，在对地震灾害与人口迁移分布关系的研究中，人与自然的关系问题必然成为一个不可回避的话题，充分认清两者间的内在联系，对本研究具有重大的理论指导意义。

3.1.1 人是自然界的组成部分之一

人是自然界长期进化的产物。马克思主义认为，宇宙的时间和空间都是无限的，所以宇宙的历史无法用时间来衡量，但是，最初人类的产生却可以借用人类学等学科的研究成果来确定。太阳系大约形成于 50 亿年前，地球大约有 47 亿年历史，而人类的历史大约只有 300 万年。自然界是人类赖以产生、存在和延续的基础，自然界是人类的起点和归宿，人类始终不能离开自然和超越自然而孤立存在。这就决定了大自然对人类的根源性和制约性，无论人类的主观能动性多么强大，都改变不了其在大自然面前的受动性。马克思指出，一方面，人的自然力和生命力等力量，作为人类的天赋、才能及欲望存在于有生命的能动的人类身上；另一方面，人作为自然的存在物，与动物一样，是受限制、受制约和受动的存在物①。这充分说明，人类在自然界中的生产能力和生存水平，在很大程度上是受制于自然界本身及人类对自然界的认知水平的，特别是对受动性的认知程度。

人是大自然的一个组成部分。人与自然的关系，实际上是部分和整体的关系，同时也是你中有我、我中有你，互相包含的关系。马克思主义认为，人是自然界的一个组成部分，自然界虽然不构成人的身体，却是人的"无机身体"（马克思、恩格斯）。因此，我们可以肯定地认为，人、动植物及其他所有的物质存在，通过内在的客观联系有机地组合在一起，便构成了所谓的自然界，自然界中万事万物组成了一个有机联系不可分割的整体。

人对自然有着天然的依赖。大自然一般不会向人类索取什么东西，不会依赖人类而生存，但是人类却永远要向大自然索取自身生存和发展的物质和精神条件，永远都离不开大自然，必须依赖于大自然。在处理人与自然的关系时，不要轻言征服自然，尽管人类文明的进步到现代社会已达到相当高的程度，但是人类在大自然面前仍然十分渺小，人类的力量在自然力量面前仍然十分脆弱。所以，只有敬畏自然、尊重自然、顺应自然，才是我们最为理性的选择。

3.1.2 人对自然的主观能动性

马克思主义认为，人类的劳动活动是联结人与自然的"中介"，人类通过劳动活动来调整、控制人与自然间的物质变换过程（马克思、恩格斯）②。通过劳动这一实践活动，人类和自然界间相互影响、相互联系、相互制约，但人类绝非被动地、消极地适应环境，而是积极和能动地认识世界，发现自然规律，运用规律改造自然。同时，在人与自然的关系上，人类始终处于主体地位，而自然界则始终处于客体地位，这就意味着人类的主观能动性是与生俱来的。人类为满足自身的需要，必然以一定的价值尺度为依据，主动调整自身与自然界的关系，把人与自然间的物质变换过程控制在适当的范围内。当然，也有失控的情况，这种失控往往还经常发生。但是，人类毕竟不同于动物，人类纠错的能动性也是始终存在的，这是无可否认的事实。

在敬畏、尊重和顺应自然的前提下，人对自然的主观能动性自人类产生以来就一直存在，而且有日益强大之势。人的主观能动性就是人类了解自然、认

---

① 马克思恩格斯全集：第42卷 [M]. 北京：人民出版社，1979.
② 马克思恩格斯选集：第42卷 [M]. 北京：人民出版社，1995.

识自然、掌握自然规律和改造自然的能力。在人类社会初期，人类与自然的关系完全和动物与自然的关系一样，畏惧大自然的神秘力量，在自然力面前无能为力。后来随着认识能力的提高，人类逐渐了解和认识了一些自然现象，掌握了一些自然规律，运用自然规律服务于人类社会的能力不断提升。但是，在相当长的历史时期，人类对自然的认识水平和能动性都是十分有限的，这就是在人类历史的长河中普遍地、长期地存在对自然现象崇拜的原始宗教的根源。时至今日，对自然崇拜的原始宗教仍然并不鲜见。但是，应该看到，人类改造自然的能力是在不断提升的，从旧石器到新石器，从青铜器到铁器，从机器大工业到现代智能，都体现出人类对自然的主观能动性的改造，特别是在现代科技进步基础上所形成的认识自然、改造自然的能力，达到了人类历史上前所未有的高度，而且还有加速发展之趋势。

总之，尽管人类不能征服自然，让自然完全听凭于人类，但是人类可以充分发挥自己的主观能动性，不断提升认识自然现象、掌握自然规律、运用自然规律改造自然的能力。

3.2 人口与自然的关系

首先人口是一个社会群体的概念，该社会群体可大可小；其次人口是一个由生活在特定的生产方式之下，处于一定时空的有生命的个体组成的不断运动和变化的社会群体；最后从内容讲，人口是由一定数量、质量和结构组成的社会群体。“人口”与“人类”两个概念存在许多共性，二者都是抽象概念；但“人类”是对个体的抽象，而“人口”则是对群体的抽象，人口可以按照不同的分类法划分为不同的群体，如可按年龄、性别等自然属性划分群体，也可以按地域空间、民族和收入水平等社会属性划分群体。

3.2.1 人口数量与自然的关系

人口数量即人口的规模，包括静态和动态两种情况。静态人口规模通常指在一定时间节点居住在一定空间地域的个体的总和，数量的多寡、规模的大小都是相对概念，且都只是相对于一定时间和一定空间内的经济、社会、资源与环境等容纳能力或承载力而言的，容纳能力或承载力可以是涵盖所有要素的综合指标，也可以用其中的单一要素（如环境要素）来计算。动态人口规模指的是在一定时期一定空间地域人口数量的变动状况，一般用自然增长率（出生率-死亡率）来衡量，若加入人口迁移流动要素，还可以用机械增长率来衡量，把自然增长和机械增长二者合起来，就可谓"人口增长"这一概念。人口增长速度的快与慢，也是一个相对的概念，是相对于该空间地域综合或单项承载力而言的，或者说是相对于该空间地域经济、社会发展对人口数量和劳动力数量的需求及资源环境承载力的影响而言的。

由此看来，无论是静态人口规模还是动态人口规模，都存在是否与该空间地域资源与环境相适应的问题，而资源与环境大体上代表着自然。所以，人口数量与自然的关系问题，从本质上讲，就是人口规模和增长速度是否适应自然界的承载能力的问题。换言之，人口规模和人口增长必须以自然界的承载力为依据，不能超越承载力而独立存在。承载力可能发生正向的变化，在这种情况下，可容纳的人口规模会趋于增加；但也可能发生负向的变化，例如环境被破坏，可能会导致人口容量下降。自然界承载力无论是发生正向变化还是负向变化，都是影响和制约人口增减变动的基本要素，都是人口变动的自然前提。

3.2.2　人口分布与自然的关系

人口分布是指人口在不同区域间的布局状况，人口分布既是一个人类在长期的社会实践活动过程中的历史的和自然选择的结果，又是一个必然伴随社会经济发展、资源和环境状况改变而发生变动的过程。人口分布的变动通过区域内外人口迁移、流动来完成，人口迁移与流动是导致人口再分布的过程，通过人口的再分布，改变区域内常住人口规模和分布状况。在研究某一特定区域人口分布状况时，通常以该区域人口密度、人口集聚度、人口分散度、人口城镇化率等指标来衡量。

影响人口分布的要素有经济、社会、资源、环境等。人口、资源、环境、经济与社会实际上是一个有机系统，其中资源与环境是经济、社会发展的自然基础，经济与社会状况制约着人口状况，包括人口分布状况，人口状况又反作用于资源、环境及经济与社会。因此，人口分布与自然的关系，就是人口分布与资源和环境的关系，二者的关系是主体与客体的关系，人类可以发挥自己的主观能动性，改造自然，但是必须以尊重和敬畏大自然为前提，二者之间实际上是相互依赖、相互影响、相互制约的关系。在这个关系链条中，大自然及资源与环境是影响和决定人口分布状况的自然基础和自然前提，这是研究二者关系的基本逻辑。

3.3　地震灾害和人口迁移与分布

地震是自然力作用的结果，在无人居住的区域，地震就只是地震，不会成为灾害。只有在有人类居住的区域，地震才会成为灾害。一般来说，区域内居住的人口越多，分布越不合理，灾害的危险度越高。因此，地震灾害与人口分布、人口迁移之间存在必然的内在联系。

3.3.1 地震与地震灾害

（1）地震

地震就是地球局部表层的震动。地质学的研究表明，地震是由地球内力的作用使地球岩石圈产生自然震动，是地球内部的地质运动及能量变化所导致的自然结果。地震通常是一种具有一定危险潜能的客观自然现象[1][2]。所谓自然现象，就是由自然规律所支配的不以人类意志为转移的客观事实，它的发生具有客观必然性。在人类文明的不同阶段，人类可以在不同程度上认识、掌握客观规律，并运用客观规律造福人类，但是绝对不能违背自然规律甚至奢谈改变自然规律，否则就会受到规律的惩罚。

（2）地震灾害

地震有一定的灾害潜能，但并不是所有地震都会导致灾害。灾害是对人类社会而言的，只有在与人类社会发生直接或间接的关系，并导致生命财产损失和生态系统破坏时，地震才成为一种灾害。

地震灾害包括主震灾害、余震灾害及次生灾害。主震灾害是地震引起的地面振动、地面裂缝与变形，导致各类建筑物坍塌和破坏，道路、交通、通信等基础设施和设备损坏。余震灾害往往致使破坏程度进一步加深。次生灾害是由主震和余震引起的一系列连锁反应，包括山体崩塌、地面塌陷、滑坡、泥石流、崩塌落石、地裂缝，以及由上述灾害引起的火灾、水灾及海啸等。主震灾害、余震灾害及次生灾害势必对自然系统与社会系统造成不同程度的损害，包括对自然环境、生态环境等的破坏，对社会系统的生命、财产、基础设施等的损坏。主震灾害、余震灾害及次生灾害的后果大体包括以下几大类：第一类是生命的损失，每次大地震都会让当地居民付出惨痛的伤亡代价；第二类是当地公私财产的损失，如房屋、物品、牲畜、车辆等财产的损毁；第三类是社会层面的后果，如交通瘫痪，电力、通信、排水、供水、燃气、输油、供暖等的中断，饮用水源污染，瘟疫流行，毒气污染，细菌污染及放射性污染等，这些后果不仅为救灾制造了极大的障碍，还加重了受灾程度；第四类是自然层面的后

---

① 陈颙，李娟. 地震、地震灾害和我们 [J]. 城市防震减灾，2000 (6)：4-8.

② 曾健. 试论我国地震灾害及其防治 [J]. 池州师专学报，1997 (3)：96-98.

果，如地质生态系统、生物生态系统、水生态系统等的损毁，可能还会进一步导致地质、生态等脆弱性增加；第五类是再生产条件的破坏，如林地和农田的损毁，大坝、灌渠，工业设施设备及装置的损毁等，都将严重影响灾后恢复与重建。

（3）地震灾害的特点

第一，突发性强，破坏性大。地震灾害往往毫无征兆、瞬间突发、猝不及防，地震在短短几十秒内就会造成大量的人员伤亡、房屋倒塌及设施损毁，人们大多来不及躲避，其他灾害很难与之相比。

第二，波及面广，影响深远。地震突发性强、破坏性大，对区域内的生命、财产、生产、生活、心理等众多方面都会造成重大损伤，对经济、社会、资源与环境等的影响也十分深远，还会发生连锁反应，给一个地区、国家的社会、经济生活带来巨大冲击。

第三，持续时间长，次生灾害多。主震之后还会发生几百甚至上千次余震，有的余震危害性非常大，余震在接下来较长时期频频发生，持续时间长达几年甚至更长。同时，由主震和余震导致的次生灾害种类繁多，有的比主震危害更大，有一些次生灾害，其严重程度远远超过主震。据估计，次生灾害的损失是主震直接损害的两倍。

3.3.2 影响地震灾害危险度的因素

地震灾害危险度也称危度，指的是地震灾害的破坏程度，对人类文明造成的伤害程度。地震灾害危度的影响因素既有自然性因素，也有社会性因素。

（1）影响地震灾害危险度的自然性因素

影响地震灾害危险度的自然性因素较多，这些自然性因素是人类无法干预和控制的，包括震级、震源深度、震中距、发震时间及地点、地质条件等。

第一，震级。地震的大小，表示地震的强弱，用地震震源释放出的波能量表示地震大小即震级。中国通常使用里氏震级。震级越大，释放波能量越多；震级越小，释放波能量越少。震级相差1.0级，释放能量相差约32倍。

第二，震源深度与震中距。是震源深度，指地震波发源地与地面垂直投影，地面上距震源点称为震中，震中距震源垂直距离称为震源深度。根据深度将地震分为浅源地震（0~60千米）、中源地震（60~300千米）与深源地震（300千米以上）。震源深度是影响地震灾害大小的因素之一。震中距是指地面上任一点离震中的直线距离。同样震级的地震，震中距越小，影响或破坏越大，震中距越大，影响或破坏越小。

第三，发震时间和地点。发震时间对地震灾害危险度的影响十分显著。一般来说，发震时间在白天危度相对低一些；发震时间在晚上，特别是在人们熟睡的时间段，灾害的危度就较高。发震地点对灾害危度也有重大影响，同样级别的地震如果发生在人烟稀少、人口密度很低的地方，其危度相对低一些；反之，如果发在人口密度高特别是发生在大都市，其危度就会高许多。

第四，地质条件。地质条件主要指地形地貌、土质、地下水位和是否在断裂带上等。一般说来，土层厚，土质松软，地形起伏大，地下水位高，在断裂带上等，都可能导致灾害危度加大。

前述这些自然要素是地球地理运动的结果或过程，是人类无法改变的客观存在，但是人类可以通过不断提升自己的认知水平，发挥人的主观能动性，提早谋划并加以预防。例如，龙门山断裂带是地震频发区域，也是地质和生态脆弱度较高的区域，那么，我们就应该提前谋划，通过一系列政策和措施，调整区域内人口数量（鼓励外迁和进城就业）和分布（危度较高区域人口向相对安全区域集聚）。

（2）影响地震灾害危度的社会性因素

第一，社会性因素，包括产业结构、城镇布局、村落布局、人口总量及人口密度、人口集聚度与分散度、生态保护状况、建筑物抗震强度及人们的防震意识。

第二，人口总量及人口密度。人口总量越大，特别是震中距小的区域人口规模越大，地震灾害的危度越高，损失越大；反之，则危度越低，损失越小。人口密度越高，地震灾害危度从理论上讲可能越高，但如果大量人口是集聚在灾区内相对安全的地带，震灾造成的生命财产损失可能较轻。

第三，人口集聚度与分散度。地震灾区人口集聚度与分散度不一定能对灾害危度造成直接影响。但是，如果在集聚度较高、分散度较低的情况下，人口又恰恰集聚在地震发生的核心区域，震中距较小，那么地震灾害的危度会大大提升；如果集聚区选址相对安全、抗震防震措施得力，灾害的危度会大大下降。

第四，城镇布局与村落布局。这里所讲的布局有两重含义：一是指选址是否科学，是否安全或相对安全；二是指人口城镇化率和人口集中程度。所以，无论讲哪一个含义，都与地震灾害的危度有着密切的联系。

第五，产业结构与生态保护。这主要指三次产业的比例，既包含一次产业即农业中的农林牧副渔业的比例，还包含二次产业即工业中的各行业结构。产业结构对地震灾害危度的影响主要体现在：不同的产业、同一产业内部的不同行业，在资源的开发和利用过程中，对环境的影响和损害作用各不相同。一般来说，过度的农业、牧业开发，会导致植被退化和损耗、水土流失、土地退化；过度的工业开采和开发，可能会导致环境遭到破坏、环境污染及地质结构变化等；同时，第一、二产业越是发展，集聚的人口规模可能越大。所有这些影响和损害都可能导致地震灾害危度增加。

第六，抗震强度与防震意识。政府组织、非政府组织、企业及居民等对区域内地震灾害的认识和态度，对灾害危度有着十分重要的影响作用，表现在能不能感知危险、怎样应对可能的危险等方面。如果人们对地震灾害危险感知不深不切甚至麻木，那么一定会加大灾害危度；如果能感知灾害危险，又能够采取有效应对措施，比如提高建筑物抗震等级、科学选址布局城镇与村落或者做出预防性的外迁等，灾害危度就会大大降低。

上述这些因素都是人类社会发展过程中后天所致的社会性要素，都是可人为干预和控制的要素。如果对地震频发区域的客观自然条件认识不充分、不深刻，盲目发展劳动密集型产业，或者不按科学规律选址、建设，灾害的危险度就会大大增加，人类就可能付出更惨痛的代价。

3.3.3　地震灾害和人口迁移与分布的关系

如前所述，影响地震灾害危度的因素很多，既有自然性因素，也有社会性因素，从本质上讲是社会与自然之间的不适应和不协调。在社会因素中，人口要素占有非常重要的位置，而在人口要素中，人口总量、人口密度、城镇化率、人口集聚度等与人口迁移、分布存在直接或间接的关系，或者说都是人口迁移与分布的内在含义。

（1）人口迁移分布与自然之间不协调导致地震灾害危度上升

人口迁移与分布，通过以下途径导致地震灾害危度上升：

一是灾前人们对区域内灾害的风险没有充分的认识或者根本认识不到，没有任何的应对策略和措施，仍然保持原有的生产方式和生活方式。高出生率导致人口数量激增，人口激增又引起过度的土地、林地开垦，过度资源开发进而导致环境与生态恶化，在缺乏向域内外安全地带人口移动的条件下，其结果必然使人口与自然之间的矛盾日益加深，协调性与平衡性日益遭受破坏，当地震来临时，灾害的危度就大大上升。

二是人口分布不合理、不科学。人口要么大规模集聚在地质高危区，要么分散在域内广大的生态脆弱地带，而且缺乏防震措施。这是人地之间不协调的表象形式，必然会增加地震灾害的危险程度。

地震是自然事件之一，是自然界的客观现象。作为一种自然现象，它代表和反映的是自然界。自然界具有第一性、原生性、本源性和无意识等特征，而人类、人口乃至人口迁移与分布等，都具有第二性、后生性、衍生性和有意识等特征。因此，地震本来只是自然界的一种正常现象，但是一旦加入了人类活动，地震就绝不是纯粹的自然现象，必然会被打上人类活动的印记，必然脱变为影响人类生存和发展的社会性自然事件——地震灾害。地震不因人的产生而发生，但地震灾害的确因人的出现而存在，地震灾害的危度也一定与人地关系的协调度密切相关。实质上，地震灾害的破坏程度与人类及人类活动密不可分，相同等级的地震灾害在不同区域所造成的破坏程度有明显的差异，生态和地质越脆弱、人类活动频率越高的区域，人口总量越大、人口密度越高、人口分布与自然界越是不协调的区域，灾害的破坏程度越高；反之，灾害的破坏程度则越低。

地震灾害危度将人类的社会价值观、认知能力、社会制度及其他社会力量与自然世界联结到了一起，危险度根源于人类思想、人口系统、社会与经济系统存在的缺陷。

（2）人口迁移与再分布是对地震灾害的适应性选择

人口迁移，在传统人口学意义上是指人口改变永久居住地且伴随户籍变动的地域变动。在本研究中，特指地震灾害人口迁移，意即人们灾前和灾后在一定区域内外的移动行为，既包括传统人口学意义上的迁移，也包括人口不改变户籍而向域外不同距离的流动，还包括人口在域内不同距离的移动。根据人口迁移的时间，有学者将灾害人口迁移划分为两种："避险型"人口迁移和"受灾型"人口迁移。前者是指"预防性"迁移，即在灾前已意识到或者被告知可能发生灾害风险所导致的迁移行为，而这种迁移一定会大大降低灾害的损失；后者是指灾后的人口迁移，包括逃难、应急转移、疏散安置和永久性搬迁。逃难、应急转移与疏散安置的人口既有可能在重建后回到原地，也有可能在域内或域外新址分散或集中居住；永久性搬迁是指受灾后部分居民直接搬迁到域内或域外的某地定居。

无论是"避险型"人口迁移还是"受灾型"人口迁移，都可能会使原有人口规模缩小，灾前或灾后向域外搬迁的人口数量的多寡，直接影响区域内人口总量；同时，更重要的是都会改变人口原有的分布格局，通过人口在区域内外的再分布，改变城镇与村落的布局，改变人口的集聚度、分散度，改变人口的密度和城镇化率等。

人口分布是指在一定时点，人口的地域空间布局，可以用人口密度、人口集聚度、人口分散度、城镇化率等来衡量。人口再分布，指的是通过人口迁移或移动，打破原有的人口空间布局，包括人口向域外迁移（永久定居）和流动（不改变户籍），域内集中居住，城镇化以及域内其他形式的人口布局的变动。

自人类出现以来，一直与自然界发生着密切关系，人类在改造自然环境的同时，更多的是在适应环境。环境变化导致人类不断移动和迁徙，移动与迁徙使人类不断增强适应能力，移动和迁徙实质上就是人类应对灾害的生存策略和适应性反应。

人口分布是区域内人口与自然间动态平衡的结果，而人口再分布过程的本质仍然是区域内人口空间布局与自然资源、自然环境及经济社会进一步协调的过程。合理的人口再分布是国家或地区可持续发展的基本保证，也是国家或地区人口可持续发展的战略目标。我国提出的人口发展功能区规划及实施的主体功能区战略，实际上是人口再分布理论的拓展和延伸①②。

---

① 张善余，桂世勋，曾毅，等. 人口垂直分布规律和中国山区人口合理再分布研究［M］. 上海：华东师范大学出版社，1996.

② 邬沧萍. 人口学学科体系研究［M］. 北京：中国人民大学出版社，2006.

4 龙门山断裂带地区人口分布与人口迁移的现状分析

4.1 人口分布的范围鉴定

传统意义上所提到的龙门山断裂带区域，通常是指龙门山地区，主要包括岷江上游的部分地区以及涪江上游的大部分地区。从行政区划上来讲，主要是指位于四川省境内的阿坝藏族羌族自治州、广元市、绵阳市、德阳市、成都市和雅安市六州市。具体包括从广元的青川县到雅安市的石棉县，从阿坝藏族羌族自治州（以下简称阿坝州）的小金县到成都市西部周边的县（市、区）。本书主要的研究对象是分布在龙门山断裂带主山脉及周边区域的 42 个县（市、区）。具体如图 4-1 和表 4-1 所示。

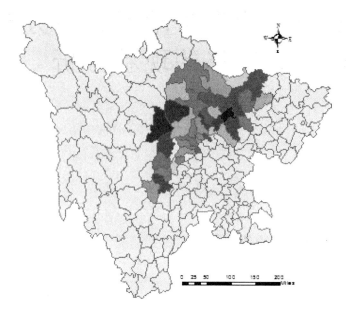

图4-1　龙门山断裂带地区地理位置分布图

资图片来源：基于 2000 年中国县级地图（无特殊说明，后文不
再重复），利用 ArcGIS 10.2 绘制而成。

表4-1　龙门山断裂带地区行政区划分布

地级市	县（市、区）	占比/%
广元市	朝天区、青川县、广元市中区、元坝区（昭华区）、苍溪县、剑阁县	12.86
阿坝州	松潘县、黑水县、茂县、理县、小金县、汶川县	12.86
绵阳市	平武县、北川县、江油市、梓潼县、盐亭县、三台县、绵阳市中区、安县	19.05
德阳市	绵竹市、德阳市中区、什邡市、广汉市、中江县	11.95
成都市	彭州市、都江堰市、郫都区、温江区、新津县、新都区、大邑县、崇州市、邛崃市	21.43
雅安市	芦山县、宝兴县、天全县、名山区、雅安市中区、荥经县、汉源县、石棉县	19.05

　　从研究区域的空间位置看，龙门山断裂带地区主要分布在四川省的中部偏
北地区，地处川东北、川南和川西三大地理区域交汇处。不论是地形地貌、生
态环境还是社会建设、经济发展等方面，区域内部都表现出较大的异质性和差

异性。从具体的行政区划上看，广元市有 6 个县（市、区）、阿坝州有 6 个县、绵阳市有 8 个县（市、区）、德阳市有 5 个县（市、区）、成都市有 9 个县（市、区）、雅安市有 8 个县（市、区）。其具体分布和占比如表 4-1 所示。从图 4-1 和表 4-1 可以看出，龙门山断裂带地区涉及面积较广，且内部差异明显，因而区域人口分布和迁移问题也会因区域整体的差异性而表现出不同的特征。

4.2　人口分布现状及特征

龙门山断裂带区域内部的地貌环境和地势起伏差异明显，使得区域内部的人口分布呈现出不平衡的特点。从该区域整体而言，2010 年该区域 42 个县（市、区）总人口为 1 708.53 万人，2015 年总人口为 1 779.31 万人，总人口上基本持平，且略有增长。从行政区划面积所计算的人口密度看，2010 年的人口密度为 187 人/平方千米，2015 年的人口密度为 197 人/平方千米。但仅以行政区面积所计算的人口密度反映人口实际分布的真实性会产生偏误。也就是说，很多不适宜居住的地区会影响人口密度的实际水平，所以我们进一步考虑排除不适宜居住区在内的人口密度算法，采用耕地人口密度和地理行政区划面积人口密度加权的方法测算综合人口密度，具体计算方法将在下文进行详细说明。通过对综合人口密度的计算，龙门山断裂带地区 2010 年的综合人口密度为 1 118 人/平方千米，2015 年的综合人口密度为 1 271 人/平方千米。这一水平与四川全省 2010 年综合人口密度 901 人/平方千米、2015 年综合人口密度919 人/平方千米相比，明显高于全省平均水平。这一现象可能主要是由成渝经济圈的开发与成都新兴国际贸易城市的规划带来人口向成都周边集聚所引起的。

4.2.1　人口分布整体特征

人口空间分布的一个重要指标就是人口密度，这一指标反映了不同地区之间人口总量与密集度的差异。本书通过对龙门山断裂带区域 42 个县（市、区）人口密度的测算，同时借助地理信息系统（ArcGIS）的辅助，基于四川省 2010 年人口普查和 2015 年全省 1% 人口抽样调查数据对该区域的总体人口分布特征进行了分析。

（1）人口密度及其计算指标

人口密度可以用一定土地面积上所拥有的人口数量来表示，主要反映的是人口的基本分布状况和在不同区域之间的密集或疏散程度。最为常见的是算术人口密度，一般为每平方千米有多少人，其计算公式为 $P_i = \dfrac{N_i}{S_i}$（TPD 方法）。

其中 P_i 为人口密度，S_i 为行政单元面积，N_i 为对应行政单元上所具有的人口数量。这种计算方法简单直观，能够直接反映人口的疏密程度。但人口在地理空间上的分布由于受到自然地理条件的影响并非均匀分布的，因此，一般人口密度指标对真实地反映一定地区的人口密集度还存在很大的局限性。为弥补这一不足，衍生出了适宜居住的人口密度（NPD 方法，该方法不考虑不适宜生存区的土地面积）和避开建筑物人口密度（WPD 方法，扣除了城市建筑物所占土地面积）。本研究在四川省资源环境承载力评估研究报告和研究方法的基础上，考虑适宜居住地和可利用土地，计算包括总用地人口密度和耕地人口密度在内的综合人口密度。

具体计算公式为：$P_i = 0.6 \times T_i + 0.4 \times A_i$，其中 P_i 为综合人口密度，T_i 为总用地人口密度，A_i 为耕地人口密度，0.6 和 0.4 分别为两者的权重。$T_i = \dfrac{N_i}{S_i}$，$A_i = \dfrac{N_i}{I_i}$，其中 N_i 为行政区域单元的总人口数，S_i 为行政单元总面积，I_i 为行政单元内总耕地面积。对龙门山断裂带地区 42 个县（市、区）2010 年和 2015 年总人口密度进行计算，结果如表 4-2 所示。

表 4-2　龙门山断裂带区域各县（市、区）人口密度测算结果

单位：人/平方千米

地区	人口密度 （2010 年）	人口密度 （2015 年）	地区	人口密度 （2010 年）	人口密度 （2015 年）	地区	人口密度 （2010 年）	人口密度 （2015 年）
朝天区	527	588	江油市	970	979	新都区	2 429	2 642
青川县	474	440	梓潼县	539	568	温江区	2 636	3 192
广元市中区	2 738	2 857	盐亭县	605	620	崇州市	1 183	1 155
元坝区	473	489	三台县	760	794	新津县	1 558	1 652
苍溪县	748	810	绵阳市中区	3 757	3 951	大邑县	1 160	1 132
剑阁县	431	475	安县	678	710	邛崃市	972	957
松潘县	355	380	绵竹市	943	1 003	芦山县	1 054	1 123
黑水县	661	382	德阳市中区	1 933	1 890	宝兴县	913	914
茂县	391	686	什邡市	1 123	1 101	天全县	899	898
理县	755	840	广汉市	1 491	1 732	名山区	1 381	1 392
汶川县	1 199	1 522	中江县	1 011	908	雅安市中区	2 772	2 731
小金县	373	368	彭州市	1 213	1 242	荥经县	992	984
平武县	354	346	都江堰市	1 941	2 088	汉源县	824	808
北川县	718	757	郫都区	2 543	3 903	石棉县	1 434	1 441
均值	1 118	1 273						

（2）人口分布状况描述

从龙门山断裂带区域人口分布的整体状况看，该区域的人口密度平均水平远高于全省平均水平，在四川省属于人口密集分布区。而从时间上看，该区域人口分布总量有不断递增的趋势，人口密度随时间变化在提高，人口有不断向该区域集中的趋势。但由于龙门山断裂带区域整体所辐射范围较广，而且其内部的自然地理环境、地形地貌特征以及社会经济发展水平差异明显，因而在人口分布上也存在较大差异。从具体情况看，人口密度最低的为平武县，2010年、2015年分别为354人/平方千米、346人/平方千米；人口密度最高的为绵阳市中区，2010年、2015年分别为3 757人/平方千米、3 951人/平方千米。因此，要想对龙门山断裂带区域人口分布的现状和基本特征进行详细了解，还需对该区域内部的人口分布特征进行分析。

4.2.2　人口分布的区域内部差异及特征

从龙门山断裂带地区42个县（市、区）2010年、2015年人口密度的空间分布（见图4-2、图4-3）可以看出，就该区域整体而言，人口分布的区域差异和地域性十分明显。

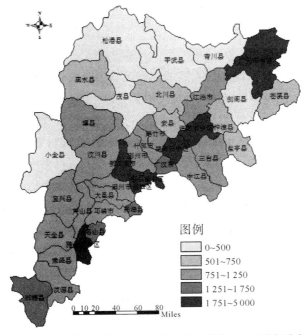

图4-2　2010年区域人口密度分布图（单位：人/平方千米）

图片来源：根据表4-2计算结果，利用ArcGIS 10.2软件绘制而成。

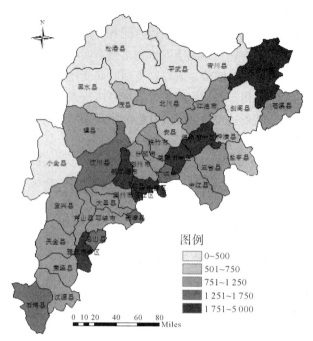

图 4-3　2015 年区域人口密度分布图（单位：人/平方千米）

图片来源：根据表 4-2 计算结果，利用 ArcGIS 10.2 软件绘制而成。

（1）空间分布特征

从龙门山断裂带区域内部人口的空间分布看，人口密度最高的县（市、区）为各地级市的市中区以及成都周边的县（市、区）。其中人口密度最高的县（市、区）为绵阳市中区、德阳市中区、广元市中区、都江堰市、郫都区、温江区、新都区以及雅安市中区，这部分区域的综合人口密度在 1 750 人/平方千米以上，除此之外的其他区域人口密度较低。而人口密度最为稀疏的地区则分布在阿坝州的松潘县、茂县、小金县以及广元市的平武县、北川县和剑阁县，综合人口密度在 500 人/平方千米以下。从人口分布特征的区域整体性看，该区域整体人口分布呈现明显的东南高、西北低的特征，且川东北和川西的高原、丘陵和山地是人口稀疏的主要分布带。其中，从图 4-2 和图 4-3 可以明显地看出，广元—绵阳—德阳—雅安一线以东人口密度明显高于该线以西的地区。所以说，四川龙门山断裂带整个地域范围内的人口分布极不均衡，且地域差异明显。

（2）时间变化规律

从时间上看，2010—2015 年，该区域整体上人口分布的空间特征并没有发生明显变化，按不同等级划分的人口密度分布区也并未发生明显改变。但就区域总体而言，区域内部的人口密度是在不断提高的，其中尤为明显的是成都周边的县（市、区）。这种时间上的演变规律，一方面可能受时间间隔较短的影响，区域的人口分布未发生明显改变；另一方面说明影响人口分布的因素具有长期性和稳定性，尤其体现在影响人口分布的自然地理环境因素方面。但是，区域整体综合人口密度从 2010 年的 1 118 人/平方千米上升到 2015 年的 1 273 人/平方千米，说明该区域人口有不断增加的趋势。原因有二，一方面可能是生育政策的调整导致人口增加，也可能与近年来农民工回流、返乡创业导致人口不断增加有关；另一方面，与区域内成都市县（市、区）产业和经济社会发展的辐射有关，综合人口密度变动最大的区域主要集中在成都市周边的县（市、区），这说明成渝经济圈建设和成都作为核心大城市，对人口及劳动力吸引能力增强。

4.3　人口迁移流动现状及特征

龙门山断裂带地区特殊的民族构成、地理位置、地形地貌及相对闭塞的交通，在很大程度上影响了人口的迁移流动。在山区农村人口迁移流动的过程中，呈现出两种截然不同的现象：一是长期不变的生产、生活模式形成了固化的"山区意识"，尤其是农村人口对现有土地的依存程度非常深，留守原地，规避了诸多不确定性风险，因此不会选择迁移和流动；二是城市生活的示范效应，尤其是在全国农民工外出务工的潮流中，四川省同样成为全国人口流出大军的主要地区，这种趋势又刺激了山区农村人口的迁移冲动，但是农村人口向城镇流入，存在就业和稳定收入等多种风险，且农村人口进城依然面临诸多政策性限制，这也是阻碍区域人口流动的主要障碍之一。总体来讲，这一地区的人口迁移流动特点呈现出阶段性的特点。

4.3.1　人口迁移流动整体特征

人口迁入率、人口迁出率和人口净迁移率等指标是反映人口迁移流动的主要指标，但受到人口统计数据的限制，公布的 2010 年四川省人口普查数据中未涉及分县（市、区）的流动人口统计数据，因而在反映人口迁移流动的指标上，同样采用《省级主体功能区域划分技术规程》中的人口流动强度指标来反映人口迁移流动的基本情况。其中，在这一规程中采用了流动人口/总人口的方法来定义人口流动强度，作为反映一个地区人口集聚能力和潜力的指标。

（1）人口流动强度指标及其计算

人口流动强度是指流动人口与总人口的比值，反映了一个地区人口流入和流出的综合水平。其计算公式为 $d_i = \dfrac{p_i}{N_i}$，其中 d_i 表示流动人口强度，p_i 表示流动人口，N_i 表示总人口。然而在指标实际的计算过程中，由于关于分县（市、区）的人口流动数据较难获得，我们采取近似替代的办法，以暂住人口替代流动人口。为了反映人口流入与流出的差异，对暂住人口分别以 2010 年四川省人口普查和 2015 年四川省 1% 人口抽样调查数据中的总人口（常住人口）和户籍人口的差反映。若该差值为正表示人口流入及人口流入强度；以同样的方法计算人口流出强度。根据《主体功能区域划分技术规程》规定的流动人口的不同强度，对其赋予不同的等级，具体见表 4-3。

表 4-3　不同情况下 d_i 的阈值等级情况　　　　　　　　单位：%

阈值	<5	5~10	10~20	20~<30	≥30
等级	1	2	3	4	5

注：若流动强度阈值为负，则表示流出，其等级采取相应的赋值方法。

人口流动强度仅能从行政区划上反映不同地区的人口迁移流动状况，但无法反映区域内部人口城乡之间的流动情况，在研究人口迁移流中应同样关注人口的城乡变化，本书利用城市化率这一指标来反映。

根据人口流动强度计算指标，对龙门山断裂带区域 42 个县（市、区）的人口流入强度和人口流出强度进行计算，计算结果如表 4-4 所示。

表 4-4　龙门山断裂带区域各县（市、区）人口流动强度测算结果　　单位：%

地区	流动强度（2010 年）	流动强度（2015 年）	地区	流动强度（2010 年）	流动强度（2015 年）	地区	流动强度（2010 年）	流动强度（2015 年）
朝天区	-17.62	-0.15	江油市	-15.42	0.16	新都区	11.97	26.36
青川县	-9.79	0.39	梓潼县	-26.66	12.31	温江区	19.07	34.01
广元市中区	7.51	24.63	盐亭县	-43.13	-41.58	崇州市	-1.22	5.07
元坝区	-42.57	-33.33	三台县	-41.60	-7.62	新津县	-1.84	24.37
苍溪县	-41.43	-7.23	绵阳市中区	21.69	36.68	大邑县	-3.14	13.30
剑阁县	-50.33	-24.67	安县	-19.01	0.78	邛崃市	-7.41	19.89
松潘县	-2.65	14.97	绵竹市	-7.27	29.40	芦山县	-9.70	3.27
黑水县	42.05	13.53	德阳市中区	9.90	20.90	宝兴县	89.60	11.23

表4-4(续)

地区	流动强度 （2010 年）	流动强度 （2015 年）	地区	流动强度 （2010 年）	流动强度 （2015 年）	地区	流动强度 （2010 年）	流动强度 （2015 年）
茂县	−80.40	11.75	什邡市	−5.34	13.93	天全县	−14.48	6.79
理县	2.14	15.83	广汉市	−2.04	29.99	名山区	−6.65	4.29
汶川县	−0.71	12.74	中江县	−20.58	−8.17	雅安市中区	1.74	13.27
小金县	−3.50	−2.88	彭州市	−4.90	23.06	荥经县	−1.75	8.45
平武县	−8.40	−2.93	都江堰市	7.36	23.60	汉源县	0.83	9.65
北川县	−21.53	−9.24	郫都区	32.72	61.14	石棉县	1.07	14.73

注：正值表示人口流入，负值表示人口流出。

（2）人口迁移状况描述

从龙门山断裂带区域42个县（市、区）人口流动迁移的基本情况看，2010年人口流出强度最为明显的是茂县，而人口流入强度最为明显的是宝兴县。同时，该区域整体的人口流动状态以流出为主，其中在42个县（市、区）中，人口流出的比例占到73.81%。与2010年四川全省人口迁出率9.49%相比，说明当时区域人口处于迁出的高峰期。龙门山断裂带区域各县（市、区）人口迁移，不仅包括向省外迁移，也包括向省内其他县（市、区）迁移流动。到2015年，该区域人口迁移流动的基本状况发生了明显的改变，各县（市、区）迁移流动的方向主要由人口流出向人口流入转变，其中在42个县（市、区）中，人口流入所占的比重达76.19%。但是，各县（市、区）人口流入最为集中的区域是成都周边的县（市、区）和各地级市的市中区，这些地方成了人口流入的主要集中区，其中，人口流入强度最高的为新都区，人口流出强度最高的为三台县。

4.3.2 人口迁移流动的内部差异及特征

通过对龙门山断裂带42个县（市、区）2010年和2015年人口流动强度的测算，借助地理信息系统分析方法考察区域内部人口迁移流动状况的空间特征和时间变化趋势。根据流入强度和流出强度的不同等级，绘制该区域人口流动迁移分布图，如图4-4、图4-5所示。

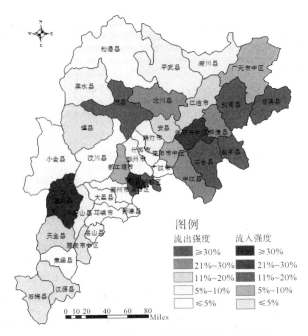

图 4-4　2010 年区域人口迁移流动强度分布图

图片来源：根据表 4-4 计算结果，利用 ArcGIS 10.2 软件绘制而成。

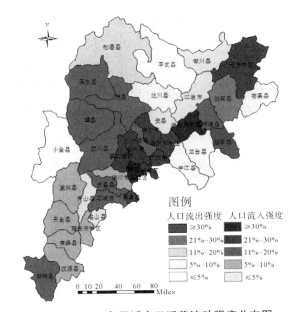

图 4-5　2015 年区域人口迁移流动强度分布图

图片来源：根据表 4-4 计算结果，利用 ArcGIS 10.2 软件绘制而成。

（1）空间分布特征

从该区域人口流动迁移的空间分布特征看，2010年该区域主要以人口流出为主，其中人口流出的区域占了整个区域的绝大多数地区。成都周边的县（市、区）和广元市、绵阳市、德阳市等中心区是人口流入的主要地区。而从流动强度等级看，其中流出强度最大的县（市、区），也就是流出强度在30%以上的地区，主要集中在川东北地区，茂县、北川县、平武县及青川县。其原因有两个方面：其一，川东北地区历来是四川省人口，尤其是农民工外出的主要区域，其流向集中在周边的成都市和重庆市以及省外的中心城市；其二，以茂县、北川县等为主的地区，人口流出等级高、强度大，造成这一现象的主要原因是受2008年汶川地震的影响，该地区大量受灾人口向县外迁移。其中，2010年宝兴县的人口流入强度较高可能与这一现象有关。

从2015年该区域人口流动迁移的空间分布特征看，流入强度最高的地区依旧集中分布在成都周边县（市、区）以及各地级市的市中区，而流出强度最为明显的地区依然分布在川东北地区，说明川东北地区是四川省人口流出的主要集中区，虽然其外流人口比例和流动强度在下降，但人口流出的趋势还未发生明显改变。从2015年该区域人口流动迁移的空间分布看，区域内部呈现出明显的北部人口流出、南部人口流入的基本特征。

（2）时间变化规律

从时间变化趋势上看，该区域内部发生了明显的变化，与2010年相比，2015年该区域内部人口迁移流动特征明显地从以流出为主变为以流入为主。从流入和流出的比例看，发生变化最为明显的是阿坝州和雅安市，其绝大多数县（市、区）显示由人口流出地区转变为人口流入地区。造成这种现象的原因可能与全国农民工回流、返乡创业的大趋势有关；但也有可能与这部分区域在经历过"5·12"汶川地震和"4·20"芦山地震后，灾后重建和恢复较好，从而吸引了人口的回流有关。同时，从时间趋势上看，2015年龙门山断裂带区域整体的流入强度在增强，这也同该区域2015年的人口密度上升有关。

（3）城乡流动变化

人口的城乡迁移流动作为人口流动迁移的一个重要方面，反映了一定行政单元内部人口迁移流动的基本情况和人口的聚集程度。从该区域城市化率水平看，2010年区域的平均城市化率为36.37%，其中城市化率最高的前三个县（市、区）是绵阳市中区、广元市中区和德阳市中区，而城市化率最低的三个县（市、区）是青川县、北川县和平武县。到了2015年该区域的平均城市化率为42.32%，而城市化率最高的三个县（市、区）为绵阳市中区、广元市中区和温江区，最低的是平武县、青川县和元坝区（昭华区）。这一分部规律基本上与该区域 2010 年和 2015 年的人口密度分布状况一致，也从侧面反映了该区域内部人口密度较大的地区，其人口分布在城市的比重也较高，人口的集聚程度较高。

4.4　贫困人口现状与分布

《四川省农村集中扶贫开发规则（2011—2020）》突出强调：四川全省农村贫困问题面临的主要障碍是集中连片的困难区，也就是贫困的集中区。这些贫困区域的主要特点是贫困程度较强、贫困人口范围广、返贫的可能性大、因灾致贫风险大，因而类似区域也是国家长期扶贫的攻坚地区。龙门山地处四川盆地向青藏高原过渡地带，长期以来受到地理环境因素的影响，社会经济发展相对滞后，贫困发生率较高，是贫困人口集中分布的区域。在 2010 年公布的国家级 592 个贫困县当中，四川省有 36 个，占全国的 6.1%，其中绝大多数县分布在高山、高原以及少数民族聚集区。其中阿坝州的黑水县、小金县，以及甘孜州的色达县、理塘县、雅江县等都是国家级贫困县。虽然部分县（市、区）没有在本研究的 42 个县（市、区）当中，但其从地理位置而言仍然处于龙门山大断裂带的边缘。长期以来，四川省的高原藏区、秦巴山区等地区一直是贫困人口的主要分布区，龙门山断裂带的大部分区域处在高原山地以及丘陵地区，自然地理条件和历史条件导致该地区交通不便以及基础设施严重落后。社会经济以及文化水平发展的落后，使得这一地区日益成为贫困人口的主要分布地区之一。

在贫困发生率方面，统计数据显示，2005 年四川省少数民族贫困县农村绝对贫困人口（按照年人均纯收入低于 653 元为标准计算的人口）为 90.28 万人，贫困发生率达到 36.26%，而全国贫困发生率的平均水平为 2.5%，其中家扶贫开发重点县的贫困发生率平均水平也只有 7.1%。而根据 2008 年年底国家制定的贫困线标准即 1 196 元，四川省少数民族贫困县的农村贫困人口增加到 97.532 7 万人，贫困发生率为 36.09%，相比于 2005 年的数据有所下降，但仍然大大高于全国 3.8% 的平均水平[①]。

---

① 李燕玲. 四川民族地区农户贫困成因及其影响因素研究［D］. 成都：四川农业大学，2011.

由于各个县（市、区）的统计口径不一致，而且每年国家划定的贫困线标准也不完全一致，所以关于各县（市、区）历年来贫困人口的统计资料并不充分，尤其是有些县（市、区）在部分年份不进行贫困人口的统计，因此本书选用各县（市、区）城乡最低生活保障人口数来代替贫困人口数。虽然用城乡低保人口数量来替代贫困人口数会有所出入，但是各个县（市、区）最低生活保障的标准，较为符合各县（市、区）的具体情况，能够较充分地体现地区之间的社会经济尤其是收入的差异，灵活性较强。

4.4.1 贫困人口现状

分别以 2010 年、2015 年中华人民共和国民政部网站公布的关于全国分县（市、区）的城乡低保人口数为基础，计算龙门山断裂带区域 42 个县（市、区）的贫困发生率。H_i 表示贫困发生率，n_i 表示各县（市、区）总人口，p_i 表示各县（市、区）的贫困人口，$H_i = p_i/n_i$，这种方法计算相对简单，且可以反映贫困的大致趋势和水平。具体计算结果如表 4-5 所示。

表 4-5　龙门山断裂带区域各县（市、区）贫困发生率测算结果　单位：%

地区	贫困发生率（2010 年）	贫困发生率（2015 年）	地区	贫困发生率（2010 年）	贫困发生率（2015 年）	地区	贫困发生率（2010 年）	贫困发生率（2015 年）
朝天区	17.60	9.64	江油市	4.97	2.87	新都区	1.33	0.74
青川县	18.24	12.29	梓潼县	10.02	7.90	温江区	1.14	0.41
广元市中区	9.88	9.45	盐亭县	12.66	16.54	崇州市	2.24	1.59
元坝区	14.64	12.79	三台县	7.69	6.58	新津县	1.68	0.94
苍溪县	10.87	10.04	绵阳市中区	2.96	2.01	大邑县	3.48	2.54
剑阁县	9.82	10.78	安县	5.44	3.77	邛崃市	2.97	2.03
松潘县	29.54	17.45	绵竹市	7.21	6.62	芦山县	10.37	7.71
黑水县	19.53	30.98	德阳市中区	7.58	6.90	宝兴县	9.76	1.83
茂县	31.88	19.04	什邡市	5.89	3.47	天全县	8.19	4.81
理县	11.12	9.41	广汉市	2.76	2.08	名山区	7.54	1.21
汶川县	25.57	3.18	中江县	6.08	6.31	雅安市中区	5.30	1.66
小金县	23.00	23.68	彭州市	3.61	2.36	荥经县	7.68	0.48
平武县	8.28	6.69	都江堰市	2.73	1.72	汉源县	8.79	1.82
北川县	14.75	6.06	郫都区	1.27	0.20	石棉县	14.87	1.17
均值	6.47	4.72						

通过对该区域42个县（市、区）2010年和2015年贫困发生率的测算可以看出，该区域不仅整体贫困发生率较高，贫困人口问题突出，且区域内部贫困人口分布差异性明显。其中国务院在关于贫困退出机制的意见中，对西部地区各县（市、区）退出贫困的标准有所定义，根据这一具体实施办法，本书将该区域的贫困县划分为以下三个不同的等级：非贫困县（贫困发生率<3%），一般贫困县（3%≤贫困发生率<10%），重度贫困县（10%≤贫困发生率）。2010年该区域非贫困县的比例为21.42%，一般贫困县的比例为42.86%，重度贫困县的比例为35.72%。2015年，该区域非贫困县的比例为42.86%，一般贫困县的比例为38.10%，重度贫困县的比例为19.04%。从2010年看，该区域属于贫困县的区域占到该区域整体的78.58%，虽然到了2015年该区域的平均贫困发生率由2010年的6.47%下降到2015年的4.73%，且处于一般贫困和绝对贫困的地区数有所下降。但是，该区域的贫困县仍旧占到区域整体的50%以上，贫困人口规模大依旧是区域较为突出的一大特征。这不仅制约着该区域的全面发展，同时也影响着人口的迁移与分布问题。尤其是精准扶贫项目在全国范围实施以来，贫困人口问题成了研究人口流动迁移不可回避的问题。

4.4.2　贫困人口分布特征

从贫困人口空间分布特征看，贫困发生率在10%以上的地区，主要分布在广元和阿坝州的县（市、区），也就是集中在川西北和川东北地区。其中2010年贫困发生率最高的三个县（市、区）是阿坝州的茂县、松潘县和汶川县，而2015年贫困发生率最高的三个县（市、区）依旧在阿坝州。从该区域的人口分布密度和流动强度看，贫困发生率高的地区往往是人口密度较为稀疏，且流动强度较弱的区域。这种多重特征使区域内部部分地区存在贫困人口大、分布疏散、流动性弱等特征，这三重特征相辅相成，构成了该区域内部的典型特征。这种内部的分化对区域未来人口布局和发展造成了较大的影响，体现在贫困人口多且分散，不易集中，因而贫困人口的抗灾害风险能力弱；流动性差，本土观念强，这种长期不变的生产、生活模式形成了固化的"山区意识"，尤其是农村人口对现有土地的依存程度非常高，留守原地，规避了诸多不确定性风险，造成了贫困的恶性循环和积累。

4.5 民族人口现状与分布

从历史发展的角度来看，我国作为一个拥有 56 个民族的国家，少数民族在历史发展的进程中创造了丰富多彩的民族文化和众多的物质精神财富，为中华民族的强盛和民族团结做出了极其重要的历史贡献。在四川龙门山断裂带区域范围内，从中国古代起（具体可以追溯到秦朝及其之前），这里就是羌族人口生活居住地，也是氐羌系民族以及吐蕃诸羌系民族南来北往、东西跨越的交通"十字路口"。至今，这一地区仍是我国藏、羌等少数民族的生活区域，在龙门山山脉的东坡主要是汉族人口的分布区，而在龙门山山脉的西坡则主要是羌族人口的聚居地。此外，龙门山断裂带当中的阿坝州是我国最大的羌族聚居区，汶川则是四个羌族聚居县当中的一个，而北川县则是我国少数民族地区唯一一个羌族自治县。

四川省历来是一个少数民族聚居区，其中全省境内有 52 个少数民族，主要分布在川南、川西北、川东北等高原山区和丘陵地区。其中主要的少数名族人口分属羌族、藏族和彝族，占到全部少数民族人口的 82%。根据四川省 2000 年和 2010 年的普查资料数据，相对于 2000 年，2010 年全省少数民族人口数量总体上有所增加，由 2000 年的 414 万人增加到 2010 年的 490 万人，其占总人口的比重也从 2000 年的 4.98% 增加到 2010 年的 6.10%，增幅达 1.12%①。

从全省少数民族人口的地域分布看，羌族主要分布在阿坝州和绵阳市西北部的县（市、区），其中主要分布在汶川县、理县、茂县、安县和松潘县等地区。彝族人口主要集中分布在凉山彝族自治州，在雅安市的绝大部分地区也有彝族人口分散居住。藏族人口则主要分布在川西高原和青海、甘肃等地区的交汇处，在龙门山断裂带各县（市、区）也有分散的藏族人口分布。除了三大主要少数民族人口外，该区域还大量分散居住着土家族、傈僳族、布依族等其他少数民族人口。以该区域的阿坝州为例，阿坝州是四川藏族和羌族人口分布最为广泛的地区。如图 4-6 所示，2010 年阿坝州的民族人口构成中，汉族人口的占比仅为 24.55%，而藏族人口占比最高，为 54.50%。与 2000 年相比，

---

① 数据来源：四川省人民政府网：全省第六次人口普查新闻发布会，2011-05-06，http://www.sc.gov.cn/10462/10929/11113/11114/2011/5/6/10160521.shtml.

藏族和羌族人口的占比分别增加了7.94%和7.59%；这两个民族的人口绝对量分别增加了34 544人和2 228人①。

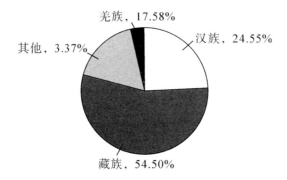

图4-6　四川省阿坝藏族羌族自治州2010年民族构成图

————————

　①　数据来源：中国阿坝州政府门户网站，阿坝州2010年第六次全国人口普查主要数据公报（第一期），2011-05-27. http://www.abazhou.gov.cn/jrab/gsgg/gsgg/201105/t20110527_412871.html.

5 龙门山断裂带地区资源环境与社会经济现状及特征

5.1 区域多重属性特征显著

四川省由于其特殊的地质构造，除成都平原外，绝大多数区域山峦起伏，地质灾害频发，生态环境脆弱，且区域内社会经济发展极为不平衡。同时，这一区域也成为平衡地区发展差距。实现区域统筹协调发展的国家扶贫开发建设重点地区。对于这一区域的属性描述，刘颖琦、李学伟等将其综合称为西部生态脆弱贫困区（见图5-1）。

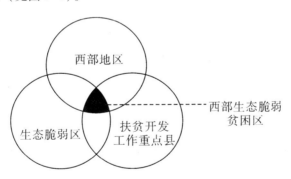

图5-1 西部生态脆弱贫困区划图

而对于龙门山断裂带地区，其区域属性更加复杂，既是贫困人口、少数民族人口聚居区，又处于不同区域交汇处，社会经济文化差异大。地域的多重属性也使得这一地区的人口、资源、环境和经济发展面临的问题多且复杂。

5.1.1 地震灾害及次生灾害高发

龙门山断裂带是四川省8个地震带之一，由于特殊的地质构造，龙门山断裂带在两大地壳板块，即印度洋板块和亚欧板块俯冲挤压运动的区域之间；地理区域上，西部与青藏高原相接壤，东部与成都平原的台地部分相毗邻，地理位置独特，是介于构造带与前陆平原的相接处。同时，龙门山断裂带形成了三个地质构造地带：变形变质构造地层带、变形变位构造地层带、变形构造地层带①。而这三条主要的地质构造地带都具备发生 7 级以上大地震的可能性。以2008 年汶川地震为例，它就发生在映秀—北川断裂带和彭县—灌县断裂带，是在前山—山前断裂带发生的②。发生于 2013 年的雅安芦山地震，其震源同样是在该区域的西南段。

（1）余震。大地震之后的余震及次生灾害不计其数。龙门山断裂带自古以来就是地震高发区，从有大型地震记录的宋朝起（1169 年），主震之后的大小余震总共 3 万多次，其中震级在 6 级以上的余震有 25 次，1657 年以来，震级最大的一次是 6.2 级，且余震在当时也具有极大的破坏性。汶川大地震之后，这一地区余震不断，据中国地震台网统计，汶川大地震爆发后，所检测到的余震的次数高达 3 万次，其中还不乏 6 级以上的强烈余震；5 级左右的余震也有 39 次之多③。

（2）次生灾害。据统计，汶川大地震引发的泥石流达 228 次，形成了 235座堰塞湖，山体滑坡则高达 5 000 多次，在受灾严重的 10 个县共发生包括泥石流、崩塌、滑坡等在内的大型灾害 593 处。此外，地震次生灾害还具有分布范围广、成灾容易、危害严重以及难以监测等特征，这极容易在大灾之后造成第二次损害④。

如图 5-2 所示，龙门山断裂带地区不论是地震灾害还是由此引发的次生灾害，其分布范围和发生频率与等级都处于较高水平。这种特殊的地质构造对该区域的人口分布和聚集构成了潜在的威胁，一旦遭遇像汶川地震和芦山地震等特大地震危害时，所造成的人员伤亡与财产损失是难以估量的。因而正视该区域的隐患和风险，更加合理地规划人口分布和迁移，具有重要的理论和现实意义。

---

① 李勇，黄润秋. 龙门山地震带的地质背景与汶川地震的地表破裂 [J]. 工程地质学报，2009，17 (1)：3-18.

② 陈立春，冉勇康. 山地震与龙门山断裂带南段活动性 [J]. 中国科学，2013 (20)：1925-1932.

③ 菅强. 中国突发事件报告 [M]. 北京：中国时代经济出版社，2009.

④ 韩用顺，朱颖彦，孔亚平，等. 四川省汶川地震极重灾区次生山地灾害分布规律与发育趋势 [J]. 中国地质灾害与防治学报，2010，21 (4)：14-21.

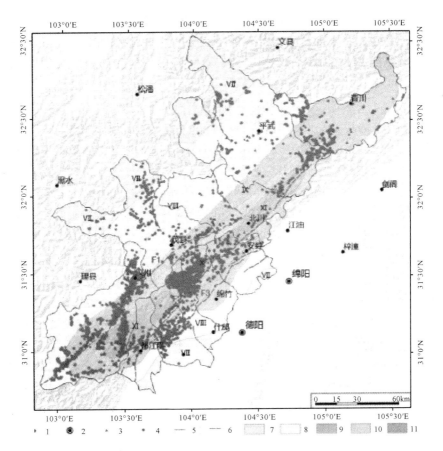

1—县城；2—地级市；3—泥石流；4—崩塌滑坡；5—重灾县界；6—活动断裂带
7—Ⅶ烈度区；8—Ⅷ烈度区；9—Ⅺ烈度区；10—Ⅹ烈度区；11—Ⅻ烈度区

图 5-2　龙门山断裂带地质灾害以及次生灾害分布图

资料来源：韩用顺，朱颖彦，孔亚平，等. 四川省汶川地震极重灾区次生山地灾害
分布规律与发育趋势 [J]. 中国地质灾害与防治学报，2010（10）.

5.1.2　自然灾害频发

该区域地震灾害及次生灾害频发，同时由于特殊的气候和地形，该区域也
成为各类自然灾害频发区。该区域在气候上属于亚热带季风气候，雨热同期；
而地形上，以山地分布为主，河流密布，全年降雨量在 1 000 毫米以上，尤其
是在盆地周围，降水集中在夏季，极易导致山体滑坡、泥石流以及洪涝等灾
害。因此，各类突发的自然灾害也成了该区域陷入贫困的主要原因。2013 年
绵阳安县、北川县、平武县遭遇"7·9"特大洪水灾害，造成了巨大的经济

损失；德阳市仅 2013 年一年就遭受干旱、地震、洪涝等自然灾害 19 次，造成 139.98 万人受灾，直接经济损失达 90.6 亿元，其中因灾死亡 4 人，有 1 967 公顷农作物受灾、559 公顷农作物绝收，不包括因灾受损的房屋，仅倒塌房屋就有 3 648 间。

（1）自然灾害危险度评价指标及方法

①指标。为了反映龙门山断裂带区域自然灾害发生的基本情况，按照四川省资源环境承载力评估研究报告要求，本书对四川省自然灾害危险度评级指标及权重做出设计。指标涉及洪涝灾害、干旱灾害、地震灾害、滑坡灾害、泥石流灾害 5 个目标层[①]，具体测算指标如表 5-1 所示。指标权重利用客观评价（熵值法）与主观评价（层次分析法）相结合的方法来确定数据来源。洪水灾害依据《四川省洪涝危险度分区图》和《四川省国土资源地图集》中的"全年日降雨量 ≥50mm 的日数""大面积洪涝分布频率""洪涝类型分布"以及《中国气候资源地图集》中的"年最长连续降雨日数"综合确定。干旱灾害危险性通过《四川省干旱危险度分区图》和《四川省国土资源地图集》中"四川盆地春旱频率和强度分区""伏旱频率和强度分区""夏旱频率和强度分区""干旱常现区"以及《中国气候资源地图集》中的"春季少雨频率""夏季少雨频率""秋季少雨频率""年最长连续无降雨日数"等图，结合四川省气象局提供的《四川省各县（市、区）春旱、夏旱和伏旱频率》综合确定。根据《省级主体功能区域划分技术规范》，地震灾害危险性以四川省地震局提供的《中国地震动峰值加速度区划图》、修订后的《四川、甘肃、陕西部分地区地震动峰值加速度区划图》《四川省强震灾害目录》和《近 50 年四川省破坏性地震灾害》为基础进行评价。其中自然灾害危险度、生态环境脆弱性评价基础数据和结果均来自四川省资源环境承载力评价报告[②]。后文不再进行特别说明。

---

① 于欢，孔博，陶和平，等.四川省自然灾害危险度综合评价与区划 [J].地球与环境，2012，40（3）：397-404.

② 《四川省资源环境承载力评估报告的研究成果 2012 年》（内部资料）。

表 5-1　四川省自然灾害危险度等级评级指标体系

目标层	中间层	基础层	中间层	基础层
自然灾害危险度评价因子	地震灾害	地震动峰值加速度	滑坡灾害	崩塌滑坡密度
		地震动反应谱特征周期		岩性
		地震烈度区划		断裂带密度
	泥石流灾害	泥石流分布密度		历史地震密度
		岩石风化系数		岩土体类型
		断裂带密度		地震动峰值加速度
		历史地震密度		相对高差
		岩土体类型		地形起伏度
		地震动峰值加速度		坡度
		相对高差		坡形
		沟壑密度		年日降雨量≥25mm日数
		≥25°坡地面积比例		年日降雨量≥50mm日数
		年日降雨量≥25mm日数		月降雨量变差系数
		年日降雨量≥50mm日数		年最大1小时暴雨量
		月降雨量变差系数		年最长连续降雨日数
		年最大1小时暴雨量		≥25°坡耕地面积比例
		年最长连续降雨日数	干旱灾害	春旱频率和强度分区
		≥25°坡耕地面积比例		伏旱频率和强度分区
	洪涝灾害	洪涝类型分布		干旱常现区
		50mm以上降雨日数		干旱发生频率

资料来源：于欢，孔博，等. 四川省自然灾害危险度综合评价与区划［J］. 地球与环境，2012，40（3）：397-404. 该文使用指标体系及方法和评价结果系四川省资源环境承载力评估研究中自然灾害危险度评价成果。

②方法。由于本部分测算过程及方法涉及问题较为专业，部分基础数据获取难度较大，处理方法也较为复杂，因而本书借鉴《四川省资源环境承载力评估报告》（四川省发展改革委员会，内部资料）对全省自然灾害危险度的评估结论，将属于本书研究区域的 42 个县（市、区）的自然灾害危险度评价结果进行筛选，作为后期研究的基础数据。需要特别说明的是，自然灾害危险评级涉及的指标体系在短时间内具有相对稳定性，也就是说一定区域的自然灾害危险度不会在短时间内发生变化，因而这一评价结果可以用于后期的数据分析。

（2）自然灾害危险度评价结果

根据计算结果，并对不同的值域赋予相应的等级，具体的评价结果如表5-2所示。从该区域自然灾害危险度等级的评价结果可以看出，灾害频发是该区域的一个典型特征。在42个县（市、区）中，处于高危险区和次高危险区的比重分别为40.48%和35.71%，占到区域整体的76%以上。而对该区域整体而言，自然灾害危险度高，是龙门山断裂带区域的整体特征。从区域内部看，处于龙门山断裂带西北部边缘的地区，自然灾害危险度要明显高于处于东南部区域的单元，这也与这两部分地区不同的地质构造有着密切的联系。而从图4-2和图4-3区域人口密度分布图可以看出，在自然灾害危险度高和次高的区域，人口密度较低，人口分布较为稀疏，这也从一定程度上反映了自然地理环境对人口分布的客观作用。龙门山断裂带区域特殊的自然地理环境和地质构造是造成该区域自然灾害危险度高的主要原因，而这种客观的自然地理环境作为影响人口分布的客观条件，并不随时间的变化而发生改变。也就是说，自然地理环境所造成的这种因素是影响人口分布与迁移的前置条件。在长期的发展过程中，虽然地区社会经济的发展对人口集聚、流迁与分布的影响越来越大，但自然地理环境所造成的客观影响是不容忽视的，尤其是在自然灾害发生时这种影响会变得异常显著。

表5-2　龙门山断裂带区域各县（市、区）自然灾害危险度评价结果

等级	行政区域	阈值	危险等级
5	成都市：彭州市、都江堰、崇州市。德阳市：绵竹市、什邡市。绵阳市：平武县、北川县、安县。雅安市：天全县、荥经县、汉源县、石棉县。广元市：青川县。阿坝州：理县、小金县、汶川县、茂县	0.5~0.9	高度危险
4	成都市：大邑县。德阳市：中江县。绵阳市：绵阳市中区、江油市、梓潼县。雅安市：雅安市中区、宝兴县、芦山县、名山区。广元市：广元市中区、朝天区、元坝区、剑阁县。阿坝州：松潘县、黑水县	0.37~0.5	次高度危险
3	成都市：邛崃市。绵阳市：三台县。广元市：苍溪县	0.3~0.37	中度危险
2	成都市：温江区、新都区、新津县、郫都区。德阳市：德阳市中区、广汉市。绵阳市：盐亭县	0.23~0.3	轻度危险
1	无	0~0.23	基本无危险

注：由于标准化后指标取值在［0-1］，所以评级结果阈值也在［0-1］，本数据以2012年为基础测算结果，后文中生态环境脆弱性指数也是采用2012年数据计算。

5.1.3 生态环境脆弱

龙门山断裂带区域由于特殊的地质构造和气候环境，不仅是地震灾害高发区，也是其他自然灾害频发区。受区域气候、地形和地貌等特征的影响，加之自然灾害频发、地势起伏较大，又处于由高原向平原的过渡区，各种因素共同作用造成了龙门山断裂带区域生态系统复杂多样，生态环境差异明显，从而使得区域的异质性较强，系统的抗风险能力变弱。生态脆弱性和生态重要性作为反映某一地区生态环境基本状况的基础性指标，在某些方面是互补的。生态脆弱性强调的主要是生态系统对外界活动干扰的敏感性和自我恢复的能力，它是生态系统在被干扰后所特有的一种表现形式；与之不同的是生态系统的重要性，其突出强调一定区域内生态系统功能与作用的发挥，主要是生态系统的系统功能和结构功能，具体包括水源涵养、土壤保持、生物多样性三个重要的生态功能。这两类指标相辅相成，构成了生态系统评价的核心。本书重点在于研究地震灾害频发区的自然地理和生态环境对人口分布与迁移流动的影响，因而重点采用生态脆弱性指标。

（1）生态环境脆弱性评价指标及方法

生态环境质量包括多重复合指标，本书借鉴《四川省资源环境承载力评估研究报告》和所设计的评价指标系统与评价结果，对该区域的生态脆弱性进行综合评价。根据生态环境脆弱性主要成因及机制分析，同时考虑到信息的可获得性，选择地表起伏度、干燥度指数、土壤侵蚀强度、植被覆盖率、土地生产力、垦殖指数6项影响因子作为评价指标。具体指标体系如表5-3所示。

表5-3　重灾区生态环境脆弱性评价指标体系

指标及代码	计算统计方法	备注
地表起伏度 (X_1)	地表起伏度 $=\{[\max(h)-\min(h)]/[\max(H)-\min(H)]\}\times[1-P(A)/A]$。其中：$\max(h)$：地区的最高海拔高度（m）；$\min(h)$：地区的最低海拔高度（m）；$\max(H)$：全国的最高海拔高度（m）；$\min(H)$：全国的最低海拔高度（m）；$P(A)$：地区平地所占的面积（$km^2$）；$A$：地区的陆地总面积（$km^2$）	地表起伏度越大，表明地形对生态环境的"应力"或"胁迫"越大，环境越脆弱
干燥度指数 (X_2)	$K=(0.16\sum T\geqslant 10℃)/R$，$\sum T\geqslant 10℃$ 为大于或等于 10℃ 的积温，R 为多年平均降水量（mm）	表征一个地区干湿程度，反映该地区的水热结合情况

表5-3(续)

指标及代码	计算统计方法	备注
土壤侵蚀强度 (X_3)	土壤侵蚀强度用土壤侵蚀模数$[t/(km^2 \cdot a)]$表示	反映区域土壤质地和结构
植被覆盖率 (X_4)	本次评价用的森林覆盖率表示,数据直接由统计资料得到	反映自然植被的调节和抗干扰能力
土地生产力 (X_5)	土地生产力=粮食年产量(千克)/粮食种植面积(亩)	反映土地生产能力是否受影响
垦殖指数 (X_6)	评价区耕地面积(公顷)/评价区总面积(公顷)	指已开垦利用的耕地面积占土地总面积的比例,是衡量一个地区耕地开发利用程度的指标

(2)生态环境脆弱性评级结果

根据四川省全省生态环境脆弱性评价结果将生态环境脆弱性分为5个等级,其中对龙门山断裂带区域42个县(市、区)的评价结果见图5-3。从评价结果可以看出,该区域整体的生态环境脆弱性较高,其中属于生态环境脆弱区和较脆弱区的比重分别为42.86%和30.95%,占总体的比重为73.81%。而属于不脆弱区的单元几乎没有。从空间分布上可以看出,在该区域42个县(市、区)中,处于脆弱区和较脆弱区的单元一般分布在阿坝州、广元市以及雅安市的县(市、区),因而生态环境脆弱同样是该区域较为显著的地域特征。

在地域分布上,龙门山断裂带生态环境脆弱性、自然灾害危险度与地震及次生灾害分布,几乎在空间上有较高的耦合性和重合性,同时也几乎与人口分布和人口迁移表现出较高的空间耦合性。即自然灾害危险度较高、生态环境脆弱等级较高的地区,人口的密度和人口数量均较少。这符合人口分布的自然规律,但要最终确定人口迁移分布,更多的还要取决于不同地区的社会经济发展和经济集聚能力以及道路交通便捷度等因素。

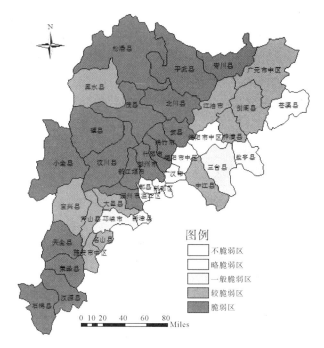

图 5-3 龙门山断裂带区域生态环境脆弱性评价图

图片来源：根据《四川省资源环境承载力评估研究报告》中四川省全省
生态环境脆弱性评价结果，利用 ArcGIS 10.2 绘制而成。

5.1.4 社会经济发展水平不平衡

人口的分布和迁移流动，在很大程度上取决于一定地区的自然地理环境，包括地形地貌、海拔、坡度、气候温度以及资源生态等，这些因素也成为决定人口分布和迁移的前置客观因素。随着人类社会的不断进步和发展，影响人口分布和迁移流动的因素虽仍与自然地理环境状况有关，但这些因素往往不成为影响人口分布的决定性因素，而更多的是受到了地区经济发展水平、产业布局策略、交通便捷程度以及计划生育政策、户籍制度和人口迁移政策的影响。在全国人口大规模流动和户籍制度逐渐松动的大背景下，地区社会经济发展水平便成为吸引人口迁移与分布的主导因素。

（1）宏观经济发展水平

从该区域的宏观经济发展水平看，该区域 42 个县（市、区）2013 年人均GDP 为 32 673 元，基本上与四川全省 2013 年人均 GDP32 617 元持平。而从产业结构看，四川全省 2013 年第二产业和第三产业的比重分别为 51.7%、35.3%，与该区域 42 个县（市、区）第二产业占比均值 54.64% 和第三产业占比均值31.72%相比，该区域第二产业比重要偏高于全省水平，而第三产业要略落后于全省水平，但差距并不十分明显，基本上与全省水平保持一致。仅从宏观经济发展水平的均值看，该区域处于全省的平均水平，甚至有部分指标还高于全省均值。但从区域内部不同县（市、区）看，其差异就变得十分明显，而之所以该区域整体的宏观经济水平会与全省持平，很大一部分原因是该区域包括了成都市在内的部分县（市、区），从而拉高了区域整体的宏观经济发展水平。具体见表5-4。

表5-4　龙门山断裂带区域各县（市、区）经济发展水平（2013年）

地区	人均GDP/元	二产占比/%	三产占比/%	规模以上工业企业数（个）	地区	人均GDP/元	二产占比/%	三产占比/%	规模以上工业企业数（个）
朝天区	17 655	54.09	25.09	54	德阳市中区	55 580	64.56	28.87	152
青川县	12 792	43.11	32.25	29	什邡市	49 834	63.14	25.58	137
广元市中区	33 491	56.58	38.31	103	广汉市	46 323	62.47	26.51	316
元坝区	33 491	56.58	38.31	402	中江县	22 315	43.45	27.51	175
苍溪县	16 154	40.94	31.49	39	彭州市	30 736	51.85	31.22	162
剑阁县	16 420	38.11	33.21	46	都江堰市	34 534	37.14	53.11	98
松潘县	20 302	34.13	47.40	5	郫都区	47 003	58.87	35.55	337
黑水县	29 371	74.20	16.04	8	新都区	63 631	62.74	32.55	373
茂县	27 093	68.06	18.36	20	温江区	72 598	52.22	43.04	211
理县	38 316	72.83	18.41	12	崇州市	27 663	48.72	35.73	133
汶川县	48 070	69.25	25.46	27	新津县	61 721	58.11	34.12	130
小金县	13 289	36.30	41.47	6	大邑县	29 383	42.84	38.12	111
平武县	18 213	54.65	23.02	26	邛崃市	26 847	45.87	36.01	142
北川县	17 052	40.85	33.49	21	芦山县	23 081	59.65	22.84	39
江油市	34 035	50.25	35.81	195	宝兴县	35 565	69.18	16.96	34
梓潼县	23 948	44.71	24.03	47	天全县	28 229	61.69	23.40	42
盐亭县	17 391	28.84	30.77	46	名山区	26 342	57.42	28.85	65
三台县	17 035	27.87	36.14	111	雅安市中区	33 198	49.28	39.38	124
绵阳市中区	65 013	62.28	34.13	278	荥经县	33 751	62.87	25.44	63
安县	24 339	51.63	22.45	73	汉源县	16 439	53.98	25.87	23
绵竹市	40 471	62.61	46.61	133	石棉县	46 198	76.27	15.61	40
均值	32 637	54.64	31.72	109					

从区域内部不同县（市、区）看，若将成都市9个县（市、区）除外，该区域其余33个县（市、区）人均GDP、第二产业比重、第三产业比重的各项指标则分别下降为23 254元、42.72%、22.64%。这表明从区域内部看，该

区域社会经济发展水平的差异性和内部的不均衡性十分明显。除成都市所隶属的县（市、区）外，其他区域的社会经济发展水平要明显低于全省平均水平，其中发展最为落后的区域是阿坝州和广元市，人均 GDP 最低的三个县（市、区）分别是青川县、小金县和苍溪县。而社会经济发展落后地区的人口集聚能力要明显弱于其他地区，因而导致人口的向外流动与迁移。这种内部空间上的差异与人口密度和人口的流动特征在空间上呈现出较高的耦合性。当然，不同区域的宏观经济发展水平与人口分布的空间耦合还需要进一步测算两者的耦合性与协调度，这一部分将在后文进行论证与说明。

（2）公共服务状况

本书以公共基础服务、固定电话用户户数以及公路里程来反映区域公共服务发展情况。其中，通信和交通是影响区域发展与对外联系的重要因素，发达的交通有助于与外界的经济域贸易往来，而通信则在一定程度上反映了一个地区的闭塞与开放情况，这两项指标的高低直接影响地区对外交往强度的差异，进而影响人口的分布与流动。从固定电话用户户数来看，各县（市、区）人口因素（以年末常住人口为准）其区域内部差异并不大，而从绝对数来看，部分县（市、区）如江油市、都江堰市的户数较多。而公路里程从某一侧面也反映了一个地区的交通发达程度，其中江油市、北川县和安县公路里程比较长，分别为 2 626 千米、2 595 千米和 2 120 千米，而芦山县、宝兴县以及汶川县和理县公路里程较短。当然，公路里程的绝对值并不能完全反映一个地区的交通状况，同时公路里程在很大程度上受到区域面积和地形等情况的影响。为了更为准确地反映该区域各县（市、区）的交通状况，本书采用交通优势度这一指标来进行进一步的研究。

交通优势度，是评价一个地区交通便捷程度的指标，通过多项指标有机构成交通优势度指标。按照《省级主体功能区域划分技术规程》的规定，公路网密度、交通干线的拥有性、中心城市的交通距离这三项指标构成了交通优势度的核心。本书借鉴了《四川省主体功能区规划》这一研究成果的基本结论。因此，交通优势度是交通网络密度、交通干线影响度和区位优势度的加总。

具体的评价方法为：①交通网络密度（交通可达性）= 公路通车里程/县（市、区）域面积 = 国道+省道+县道各个县（市、区）公路里程（数据来自四川省交通厅，辖区面积数据来自《四川统计年鉴 2010》）。②交通干线影响度 = 干线（铁路+公路+水运+机场）技术水平。根据《省级主体功能区域划分技术规程》要求，拥有高速公路的县（市、区）赋值 1.5，拥有国道的赋值 0.5；拥有复线铁路的赋值 2.0，拥有单线铁路的赋值 1.0；拥有干线机场（双流机场）的赋值 1.0，拥有支线机场的赋值 0.5；拥有主枢纽港（宜宾、泸州）的赋值 1.5，拥有一般港口的赋值 0.5。然后将以上赋值相加，计算各县（市、区）的交通干线影响度。③区位优势度=距全国中心城市的交通距离。在区位优势度的计算中，以成都市和重庆市作为两个主要中心城市，以各个县（市、区）距离两个城市中最近的一个城市的距离计算，再依据距离远近进行赋值。

根据以上评价方法对四川省全省各县（市、区）的交通优势度进行了综合评价。本书根据需要对龙门山断裂带区域 42 个县（市、区）的交通优势度评价结果进行了排列。具体结果如表 5-5 所示。通过该区域交通优势度评价结果，可看出该区域整体的交通优势度要明显高于四川省全省水平，从测算结果看该区域 42 个县（市、区）交通优势度均值为 1.53，要明显高于全省水平 1.25。而就区域内部而言，交通优势度最高的地区依旧集中在成都周边的县（市、区）和各个地级单元的市中区，这种分布格局明显地与区域的自然地理环境，尤其是地形地貌有着密切的关系。随着区域之间社会经济联系的增强，人口的空间流动包括跨县、跨市和跨省的流动也越来越强，而交通的便捷程度在促进人口流动过程中扮演着重要的角色。因此区域不同的人口流动又会直接影响未来人口的空间再分布和人口的集聚，也对未来规划人口的合理分布起着至关重要的作用。

表 5-5　龙门山断裂带区域各县（市、区）交通优势度评价结果

地区	交通优势度	地区	交通优势度	地区	交通优势度	地区	交通优势度
朝天区	1.62	汶川县	1.35	绵竹市	1.99	新津县	2.39
青川县	1.44	小金县	0.68	德阳市中区	2.24	大邑县	1.77
广元市中区	1.82	平武县	0.71	什邡市	2.07	邛崃市	1.86
元坝区	1.60	北川县	1.13	广汉市	2.39	芦山县	0.85
苍溪县	1.12	江油市	1.46	中江县	1.66	宝兴县	0.71
剑阁县	1.58	梓潼县	1.35	彭州市	1.98	天全县	0.89
松潘县	0.84	盐亭县	1.04	都江堰市	2.04	名山区	1.35
黑水县	0.70	三台县	1.41	郫都区	2.62	雅安市中区	1.26
茂县	1.09	绵阳市中区	2.88	新都区	2.47	荥经县	0.91
理县	0.76	安县	1.74	温江区	2.58	汉源县	0.87
				崇州市	2.03	石棉县	0.82
均值	1.53						

注：四川省最大值为 3、最小值为 0.34、均值为 1.25。

5.2 区域人口发展困境分析

5.2.1 人口分布与灾害频发的矛盾与冲突

随着国家主体功能区规划的出台，为了更好、更合理地开发利用自然资源和保护生态环境，在国家主体功能区规划基础上划定了四川省主体功能区。根据四川省主体功能区规划的要求，以县（市、区）为单位，将全省划分为重点开发区、优先开发区、限制开发区和禁止开发区。而龙门山断裂带区域所涵盖和涉及的县（市、区）明显位于国家主体功能区限制开发区密集分布的秦巴山地—青藏高原—川滇森林的边缘地带，该区域内整体生态脆弱性强，这对区域整体的开发造成了一定的限制[①]。龙门山断裂带不仅是国家规划的重点生态屏障保护区，同时也是区域扶贫开发的重点区，从该区域的人口分布状况和自然灾害以及生态脆弱性等空间分布格局看，该区域内部差异突出，因而对区域人口发展和未来人口分布构成了诸多挑战，在综合人口发展和环境保护的过程中矛盾重重。既要突出区域整体规划的要求，又要考虑区域内部的差异性，综合区域内部不同地域单元的自然地理环境和社会经济发展差异来考量人口的综合发展和合理布局。

区域人口发展与生态保护的困境与矛盾主要集中在两个方面：其一，人口的不合理分布和人口超载造成了生态环境的破坏与恶化。四川省作为我国的人口大省，全省人口总量和人口密度都处于全国较高水平，其中就龙门山断裂带而言，其人口密度远高于全省平均水平。这种较高密度的人口分布对区域整体而言无疑存在巨大压力，再加之从该区域的自然灾害危险度和生态脆弱性评价可以看出，该区域又是自然灾害频发区和生态环境脆弱区，这就使得人类活动在生产和发展过程中很难达到生态保护与开发利用的均衡。龙门山断裂带地区在地理位置上的劣势，使其经济发展水平相对落后。此外，由于大量山区贫困人口的分布，且贫困人口的环保意识淡薄，追求经济发展往往只是单纯依靠对自然资源的无限度开发。其二，自然灾害频发和生态环境脆弱导致贫困人口激增和人口抗风险能力下降，人口问题复杂多变。灾害往往发生在自然条件比较差的地区，灾害的破坏力也是十分强大的，而贫困地区尤其是山区由于自身社会经济发展相对落后，其抗灾害的风险的能力较弱，面对同样的灾害危险时受损程度就会增大。龙门山断裂带作为地震频发的主要集中区域，整体生态环境

---

① 孔博，陶和平，李爱农，等. 汶川地震灾区生态脆弱性评价研究 [J]. 水土保持通报，2010，30（6）：180-184.

脆弱、灾害频发，对区域整体的发展破坏性大，因灾致贫、因灾返贫成了这一区域贫困的主要成因。不仅如此，灾害致贫还形成了这样一条贫困的恶性循环链条："灾害发生→因灾致贫→能力下降→难以脱贫→更贫困→抗风险能力下降→再次因灾致贫"。以汶川地震为例，地震直接造成经济损失 8 452 亿元，直接受灾人口达 4 600 万人，灾害发生后给区域社会经济发展带来了巨大的打击。在生态脆弱区往往存在"PPE 怪圈"，也称为"人口—贫困—环境怪圈"。具体表现为：生态脆弱区原有人口的增加，导致对资源的需求加大，而脆弱的生态环境只具备较低的人口、资源承载能力，致使人口生存面临资源性贫困，贫困的发生又进一步导致区域生态环境的恶化。

总之，龙门山断裂带地区的生态系统对外界干扰的抵抗和自身恢复能力差，因此在遭到人为破坏后恢复难度非常大，而从生态保护以及人口发展的双重角度出发，这一地区就面临建设生态保护区与人口合理再分布的两难选择。而对于如何解决恢复生态与人口分布之间的矛盾，从长远的角度出发，随着区域人口分布数量的进一步增长，自然资源与人口之间的矛盾也必然会进一步加剧。从可持续发展的战略角度思考，同样必须对生态脆弱区的人口布局和产业布局做出根本性的调整①：一方面要加大对地区生态环境的改善力度，逐步恢复原有的人口生存环境；另一方面又要合理规划，进行人口迁移，选择安全的布局空间。

5.2.2 经济发展与生态保护的矛盾与冲突

从研究区域总体的生态环境质量来看，生态环境脆弱性较高，如果大面积地开发相关工业，势必要在生态保护与产业开发之间进行取舍。从研究区域的各县（市、区）经济发展水平以及产业结构来看，第二产业仍然是带动区域社会经济发展的核心动力。而龙门山断裂带明显位于国家主体功能区限制开发区密集分布的秦巴山地—青藏高原—川滇森林的边缘地带，区域内整体生态脆弱性强。虽然研究区域整体的生态环境质量在全省的形势不容乐观，但从区域的环境承载力角度看，区域整体形势呈现西高东低的格局，位于龙门山断裂带西部的县（市、区）如茂县、理县、安县和北川等属于环境承载力没有超载的地区，而东部的什邡市、彭州市和崇州市环境承载力却重度超载和极超载②。环境承载力的空间分布与工业和产业结构的地域分布有极大的相关性，东部盆地的县（市、区）受成渝大经济圈发展的影响，工业相对集中，产业

---

① 崔晓黎. 生态脆弱区资源与人口矛盾怎样解决 [J]. 国土资源通信, 2001 (5)：42-45.
② 刘春红，刘邵权，苏春江，等. 四川省汶川地震重灾区环境承载力分析与对策研究 [J]. 安徽农业科学, 2009, 37 (22)：10639-10641.

结构中第二产业比重提高，所以环境的压力较大，环境承载力处于极度或重度超载的情况。相反，处于工业相对落后山区的县（市、区）环境的承载力则较强。若是从生态环境质量综合评价考虑，情况则恰好相反，因为生态环境综合质量评价涉及社会经济发展以及自然灾害等指标。

这两方面都共同说明在研究区域社会经济发展的总体空间分布上，盆地西部和北部围绕成都经济发展圈的县（市、区）发展情况较好，但其环境和生态脆弱性较高；而龙门山断裂带西部的县（市、区）生态环境综合质量较差但其承载力较强，这主要是因为区域的发展相对滞后、产业结构对生态环境还没有构成太大的威胁。而在影响人口迁移的诸多因素中，随着区域社会经济的发展，产业布局所导致的经济集聚越来越成为影响人口分布和迁移的主导原因。因而社会经济发展落后地区由于自然灾害频发、地震威胁的存在以及生态环境的脆弱，不适宜人口大面积分布。这使得社会经济发展、生态保护与人口发展进入了不良发展的怪圈，而要想解决这类区域的人口发展问题，对人口的合理集中和再分布规划或将成为首要的选择。

5.2.3 资源开发与生态保护的矛盾与冲突

龙门山断裂带区域由于特殊的地质构造和气候条件，虽然是地震以及其他地质灾害高发区，但恰恰这种特殊的自然环境也使得该区域汇集了丰富的生物资源、矿产资源以及旅游资源。龙门山断裂带地处全国第二大林区的核心地段，森林覆盖极为广泛，其中，还不乏珙桐、松杉、银杉、红豆杉等珍贵树种，猕猴桃、枇杷以及桃子等经济资源也十分丰富。著名的有汶川县的樱桃、猕猴桃，茂县的苹果、花椒、生漆，平武的野生菌，青川的黑木耳、天麻、茶叶、核桃，白龙湖的水产品；各种地方特色中药材，如大黄、宪活、秦究等。除此之外，龙门山断裂带地质构造上由板块挤压褶皱形成，地下矿藏资源丰富，如绵竹、什邡以及汉源等一带就有着丰富的磷矿，茂县的桂石、白云石、石灰石等以及青川县的天然沥青矿、花岗石、大理石等也都是重要的矿产资源。与此同时，龙门山区域内景点特色鲜明、绮丽秀美，既有山峰、峡谷等地质地貌景观，又有河流、湖泊等水体景观，还有云海、烟雨等气候景观，自然风光美不胜收。著名的景点有银厂沟、九寨沟、都江堰、峨眉山、青城山、四姑娘山、西岭雪山等。

虽然龙门山断裂带区域内自然资源以及人文资源丰富，但在开发利用的过程中却遇到了困难，主要表现在两个方面：其一，限于该区域整体上社会经济发展水平相对滞后，基础设施建设相对薄弱，该区域的优势资源未能得到充分开发与利用。该区域贫困人口分布密集，而以往那种"靠山吃山、靠水吃水"

的粗放式资源开发利用形式，使得资源的开发利用存在较大的浪费现象，不仅如此，以往的粗放式开发利用还使得该区域的自然生态环境遭受到巨大的破坏，加剧了灾害发生的可能性和灾害的破坏强度。其二，四川省在明确了国家主体功能区规划后，还进一步明确了限制开发区、禁止开发区与生态功能区。从四川省全省主体功能区规划的区划可以看出，限制开发区（重点生态功能区）和禁止开发区恰恰分布在该区域的西北和西南部分县（市、区），而这部分县（市、区）往往是社会经济发展落后的区域，同时也是自然资源和矿产资源富集的区域。这就使得政府资源开发利用、社会经济发展与区域生态环境保护陷入了两难的境地，这也对如何在生态保护的前提下合理开发利用资源与人口发展提出了新的要求。

总体而言，龙门山断裂带整体区域由于地震地质灾害高发、自然灾害频发、社会经济发展不平衡等特征，在生态保护、资源开发利用以及经济发展过程中遇到了诸多的困难。这表现为人口发展与灾害频发的矛盾、经济发展与生态保护的矛盾、资源开发与生态保护的矛盾等。这些矛盾使该区域陷入了综合的困境之中，尤其是，贫困人口大量存在、生态环境脆弱、自身修复能力较差等因素的综合作用，造成了该地区呈现出背离社会经济发展的趋势和迹象，而在当前的经济水平和技术条件下，这种相互矛盾冲突的发展方式并没有得到显著的改观①。这种综合的矛盾和区域内部的不平衡特征，给区域人口的合理分布和流动迁移带来了巨大的挑战和压力。要对龙门山断裂带地区人口分布与迁移流动合理规划，除了要清楚区域作为地震灾害频发区所具有的自然灾害特征、生态环境特征以及社会经济发展状况等以外，还要解决好人口、资源、环境以及经济各要素之间的矛盾冲突，进而建立区域统筹协调的综合发展机制。因此，本书将在第6章就该区域自然地理特征与人口分布流动的耦合、协调关系，社会经济发展水平与人口流动分布的耦合协调、特征，以及自然地理环境和社会经济状况在内的多重禀赋条件与人口的集聚关系进行进一步的实证分析。

---

① 刘颖琦，李学伟，周学军. 基于和谐发展机理的西部生态脆弱贫困区优势产业测评 [J]. 中国软科学，2007（12）：98-105.

6 自然地理环境、社会经济条件 和人口迁移与分布的实证研究

　　第4章和第5章对龙门山断裂带区域人口分布、迁移状况以及该区域的自然地理环境特征，包括地震灾害及次生灾害在内的自然灾害、生态环境脆弱性和社会经济发展水平的现状与基本特征进行了分析。研究发现，该区域特殊的自然地理环境和地质构造造就了该区域具有灾害频发和生态脆弱并存的基本特征。不仅如此，该区域整体社会经济发展水平落后，区域内部发展差异明显，这一系列因素都对该区域的人口分布和流动迁移造成了巨大的影响。按照地理人口学的基本理论，自然地理环境作为影响人口分布的客观因素并不随时间的变化而产生巨大的改变，如自然的经纬度、海拔、地形、温度和降水量等都是影响人口分布的客观前提。但是，随着生产力发展和社会进步，人们越来越突破自然环境的束缚，通过改造环境而获取生存和居住的条件。填海造陆、移山修路等早已改变了人们的居住环境，同时受到国家产业政策和移民政策的影响，社会经济因素在影响人口分布与迁移过程中的作用越来越突出。因此，不论是自然地理环境特征，还是社会经济发展状况，都是决定人口分布与迁移的基本要素，但是自然环境始终是基础和前提。对龙门山断裂带这一特殊的地震灾害高发区域而言，影响人口分布与迁移的因素复杂多样，尤其是自然灾害和地震灾害频发以及由此造成的生态环境状况，更使该区域自然特征成为影响人口迁移流动和分布的显著要素。

　　本章重点分析龙门山断裂带区域自然地理环境特征与人口分布迁移的关系，社会经济发展水平与人口分布迁移的关系，以及自然地理环境与社会经济发展综合效应对人口迁移分布的影响。为了更为全面地分析各要素与人口迁移分布的关系，本章将进一步引入人口集聚度这一指标，同时考虑到人口集聚在空间分布上的空间相关性，将采用空间计量经济学基本方法并借助 ArcGIS 软

件进行分析。具体地讲，在分析自然地理环境状况、社会经济发展水平与人口集聚的关系时，将采用系统耦合度与协调度模型、空间自相关全域 Moran's I 系数、LISA 聚类分析以及热点分析法；而在分析两者对人口集聚的综合效应时，将采用考虑空间因素的空间计量模型。

6.1 自然地理环境和人口迁移与分布

正如前文所述，龙门山断裂带区域由于地处地震灾害高发区，因而造就了区域特殊的地形地貌、自然灾害与生态状况，第 4 章已经描述了该区域复杂的多重属性。该区域具有明显的地震灾害高发、自然灾害频发与生态环境脆弱等特征，从各类灾害空间分布与人口密度空间分布、人口流动迁移空间分布的空间耦合性看，基本上可以看出自然地理环境与人口分布迁移的直接关系。但这种空间分布上的重合性，只是从直观上反映了两者的关系，对于两者之间的具体关系，还需进一步构建耦合协调度模型进行分析。

6.1.1 人口集聚度

人口集聚度由人口的密度与流动强度等综合而成。这一指标主要体现一定区域的人口集聚状态和集聚程度，综合反映了一定区域内人口分布和迁移的基本状况。具体而言，人口集聚度包括了人口密度、人口流动强度、城镇化率和城镇人口数四项指标：［人口集聚度（RKJJ）］= f［人口密度，人口流动强度，城镇化率，城镇人口数］。根据《省级主体功能区域划分技术规范》设定分级指标，评价指标分级阈值如表 6-1 所示。

表 6-1　人口集聚度相关指标分级阈值

等级	人口密度/人/平方千米	城镇化水平/%	城镇人口分级/万人	人口流动强度/%	人口聚集度
5	>750	>35	>20	<5	>1 000
4	>500~750	>20~35	>11~20	>5~10	>500~1 000
3	>200~500	>15~20	>6~11	>10~20	>300~500
2	>50~200	>12~15	>1.7~6	>20~30	>50~300
1	≤50	≤12	≤1.7	>30	≤50

注：人口密度＝总人口/行政土地面积，人口流动强度＝暂住人口/总人口×100%，城镇化水平＝城镇人口/总人口。

总人口为四川省统计年鉴中的常住人口，而暂住人口数由于数据获取问题，采用了常住人口与户籍人口的差值；因为资料获取原因，以非农业人口为基础计算城镇化水平。

通过对四川省全省各县（市、区）人口集聚度的测算和等级赋值，将全省人口集聚度由高到低划分为 5 个等级，具体结果如表 6-2 所示。

表 6-2　龙门山断裂带区域各县（市、区）人口集聚度测算结果

单位：人/平方千米

地区	人口集聚度	分类等级	地区	人口集聚度	分类等级	地区	人口集聚度	分类等级
朝天区	129.17	2	江油市	324.63	3	新都区	1 342.05	5
青川县	76.42	2	梓潼县	264.91	2	温江区	1 274.37	5
广元市中区	311.15	3	盐亭县	338.2	3	崇州市	614.68	4
元坝区	167.01	2	三台县	553.93	4	新津县	924.24	4
苍溪县	338.2	3	绵阳市中区	3 346.73	5	大邑县	389.6	2
剑阁县	213.48	2	安县	366.81	3	邛崃市	473.99	3
松潘县	8.6	1	绵竹市	412.85	3	芦山县	102.06	2
黑水县	14.44	1	德阳市中区	1 013.89	5	宝兴县	18.63	2
茂县	26.75	1	什邡市	1 083.48	5	天全县	61.02	2
理县	10.65	1	广汉市	1 083.48	5	名山区	443	3
汶川县	25.47	1	中江县	691.71	4	雅安市中区	328.97	3
小金县	14.36	1	彭州市	563.38	4	荥经县	84.22	2
平武县	31.13	1	都江堰市	506.62	4	汉源县	403.27	3
北川县	53.68	2	郫都区	1 146.12	5	石棉县	45.18	2
均值	467.20							

注：该表为 2012 年的测算结果。

由表 6-2 测算结果可知，人口集聚度 5 级分布区（>1 000）这个等级覆盖的是该区域人口分布最集中、社会经济发展水平最高的区域，主要分布在区域与成都平原结合部及四川盆地中部、南部的丘陵区，包括 7 个县（市、区），占到总体的 16.7%。该区域向来是经济发达区域，同时地理位置优越、交通便捷、人文历史文化底蕴浓厚，有着 2 000 多年的历史积淀，是人口集中的核心区。区域东北部、南部城市群中心城区文化悠远，工农业发达，人口集聚效应显著。而其中人口集聚度 1 级（≤50）的区域，主要分布在区域西部以及北部，包括阿坝州全部县（市、区）。这一区域为高寒高原山区，为少数民族聚居区，自然条件较差，人口容量很低，地广人稀，以牧业和林业为主，经济发展水平很低，加之地理位置偏远，距离各地区的中心城镇远，对外交流不便，所以外来人员极少。

6.1.2　生态环境脆弱性与人口集聚度耦合协调性分析

人口发展是一个复杂的综合过程，其核心是人类在不断追求更高生活水平和自我价值实现的过程中，所带来的生活方式和消费观念的改变，包括人口不断迁移流动，导致人口集聚、集中与人口再分。因此，人口发展是一个包括人口流动、迁移、生活方式及观念改变和空间布局变化等在内的多种因素综合变动的过程，在形式上表现为人口的迁移流动，在空间上则表现为人口的分布与再分布。

生态环境则是各种物质交互作用和能量转化的自然因子的集合，至少包括两个方面：一是人类赖以生存的自然环境，包括水、大气、土地、森林等资源和能源；二是对人类有利或不利的生态因子①。人口不论是迁移、流动还是再分布，都要受到生态环境的影响。只有适宜居住的地方才会吸引人口的集聚和迁入，而生态环境作为影响人口迁移和分布的重要自然因素，同时也受到人类活动的影响而发生改变。龙门山断裂带作为生态环境脆弱区，人口与生态环境的关系一旦处理不好，就有可能加剧区域环境的恶化，限制人口的发展。为了进一步验证自然地理环境与人口集聚的关系，本书借鉴耦合协调度模型进一步分析两者之间的关系。

由于反映自然地理环境指标数据获取的限制，本书采用自然灾害危险度这一指标（关于这一指标的测算方法以及结论在第 5 章已有说明），人口集聚度采用 6.1.1 的数据结论。

（1）模型建立

耦合度是源于物理学容量耦合的概念，主要是指两个或两个以上的系统之间，通过自身或与外界的不断交互作用而彼此影响，以达到一定协同水平的现象。耦合度理论已普遍应用于社会经济的研究中，如人口集聚与经济耦合、产业集聚与经济耦合、灾害发生与贫困耦合、经济与环境污染耦合等②③④。同

---

① 刘耀彬，李仁东，宋学锋，等.中国城市化与生态环境耦合度分析［J］.自然资源学报，2005，20（1）：105-112.
② 陈雁云.产业发展、城市集聚耦合与经济增长的关联度［J］.改革，2011（4）：69-75.
③ 丁文广，冶伟峰，朱璇，等.甘肃省不同地理区域灾害与贫困耦合关系量化研究［J］.经济地理，2013，33（3）：28-35.
④ 马丽，金凤君，刘毅.中国经济与环境污染耦合度格局及工业结构解析［J］.地理学报，2012，67（10）：1299-1307.

样在人口集聚与生态环境耦合的研究中运用也十分广泛。

在理论分析和文献基础上，建立龙门山断裂带区域人口集聚与生态环境耦合度及耦合协调度①测度模型②③：

$$C = \{U_{Rkjj} \cdot U_{Eco} / ([U_{Rkjj} + U_{Eco}]/2)^2\}^{1/2} \qquad (6\text{-}1)$$

其中，C 为耦合度；U_{Rkjj}、U_{Eco} 分别为人口集聚和生态环境的综合功效。由于 U_{Rkjj} 与 U_{Eco} 的值介于 $[0—1]$④，因而耦合度 C 的大小也应在 $[0—1]$。当 $C = 0$ 时，耦合度最低，说明两大系统之间是无序的混乱状态。当 $C = 1$ 时，耦合度最大，各要素之间达到良性共振。结合文献和现实情况，本书将耦合度划分为 5 个等级：当 $0 < C \leqslant 0.3$ 时，属于低水平偶和阶段；当 $0.3 < C \leqslant 0.5$ 时，属于拮抗耦合阶段；当 $0.5 < C \leqslant 0.8$ 时，属于磨合耦合阶段；当 $0.8 < C \leqslant 0.9$ 时，则属于高水平耦合阶段；当 $0.9 < C \leqslant 1$ 时处于极高水平耦合阶段。

耦合度虽然能反映人口集聚与生态环境的作用强度和时序区间，但单纯的耦合度会由于指标取值以及各地区人口集聚和生态环境的动态交错与不平衡性等而发生偏误，就会出现人口集聚度和生态环境水平完全不同的两个地区耦合度一致的情况，很难真实反映不同地区的实际水平，失去指导意义。因此，必须进一步借助协调度来反映人口集聚度与生态环境的协调性与均衡性。

$$D = \sqrt{C \cdot T} \qquad (6\text{-}2)$$

$$T = \alpha U_{Rkjj} + \beta U_{Eco} \qquad (6\text{-}3)$$

其中，D 为协调度，综合调和指数为 T，人口集聚与生态环境的贡献额分别为 α 和 β，分别为 1/2（本书假定同等重要）。根据王少剑等的划分标准⑤，结合耦合度的分类等级，将协调度划分为 3 大类、5 亚类和 15 个等级，具体划分标准见表 6-3。

---

① 为表述清晰，下文将耦合协调度简称为"协调度"。

② 孙小涛，周忠发，陈全. 重点生态功能区人口—经济—生态环境耦合协调发展探讨：以贵州省沿河县为例 [J]. 重庆师范大学学报（自然科学版），2017（5）：29-34.

③ 王宏，卫刘勤，柴春梅，等. 新疆渭干河库车河绿洲人口—经济—环境耦合协调发展研究 [J]. 生态经济，2015，31（3）：78-81.

④ 在指标体系标准化基础上对系统综合功效进行计算。

⑤ 王少剑，方创琳，王洋. 京津冀地区城市化与生态环境交互耦合关系定量测度 [J]. 生态学报，2015，35（7）：2244-2254.

表 6-3 协调度类型划分标准及类型

类型	亚类型		子类型	
不协调发展	$0.0<D\leqslant0.3$	严重不协调	$U_{Eco}-U_{Rkjj}>0.1$	严重不协调—人口集聚滞后
			$U_{Rkjj}-U_{Eco}>0.1$	严重不协调—生态环境滞后
			$0<\mid U_{Rkjj}-U_{Eco}\mid\leqslant0.1$	严重不协调—同步滞后
	$0.5<D\leqslant0.3$	不协调	$U_{Eco}-U_{Rkjj}>0.1$	不协调—人口集聚滞后
			$U_{Rkjj}-U_{Eco}>0.1$	不协调—生态环境滞后
			$0<\mid U_{Rkjj}-U_{Eco}\mid\leqslant0.1$	不协调—同步滞后
转型发展	$0.8<D\leqslant0.5$	基本协调	$U_{Eco}-U_{Rkjj}>0.1$	基本协调—人口集聚受阻
			$U_{Rkjj}-U_{Eco}>0.1$	基本协调—生态环境受阻
			$0<\mid U_{Rkjj}-U_{Eco}\mid\leqslant0.1$	基本协调—同步受阻
协调发展	$0.8<D\leqslant0.9$	优化协调	$U_{Eco}-U_{Rkjj}>0.1$	优化协调—人口集聚受阻
			$U_{Rkjj}-U_{Eco}>0.1$	优化协调—生态环境受阻
			$0<\mid U_{Rkjj}-U_{Eco}\mid\leqslant0.1$	优化协调—同步受阻
	$0.9<D\leqslant1$	高级协调	$U_{Eco}-U_{Rkjj}>0.1$	高级协调—人口集聚受阻
			$U_{Rkjj}-U_{Eco}>0.1$	高级协调—生态环境受阻
			$0<\mid U_{Rkjj}-U_{Eco}\mid\leqslant0.1$	高级协调—同步受阻

（2）指标测算及方法

本部分涉及指标主要为生态脆弱性和人口集聚度，其中生态环境脆弱性指标体系及测算见 5.1.3 部分，人口集聚度指标及测算见 6.1.1 部分。其中，生态环境脆弱性为负向指标，人口集聚度为正向指标。以人口集聚度与生态环境脆弱性为依据，计算耦合度与协调度。

由于人口集聚度和生态脆弱性指标的具体单位不统一，本书采用极差标准化方法对这两类指标的最终结果进行标准化。

$$A_{ij}=\frac{X_{ij}-\min(X_i)}{\max(X_j)-\min(X_j)} \qquad (6-4)$$

$$A_{ij}=\frac{\max(X_j)-X_{ij}}{\max(X_j)-\min(X_j)} \qquad (6-5)$$

式中，i 为年份，j 为指标序列号，X_{ij} 为原始指标，A_{ij} 为标准化后指标，$\max(X_j)$ 和 $\min(X_j)$ 表示指标的最大值和最小值。当指标作用为正时，采用公式（6-4），为负时，采用公式（6-5），标准化处理的指标值均在 ［0，1］。

为了反映人口集聚度与生态脆弱性的空间特征，本书还采用了反映整体空间自相关的全域 Moran's I 和反映局部空间聚集和变异特征的局域 Moran's I 散点图、LISA 聚类图和 Getis-Ord'Gi * 热点图，分析耦合度与协调度的空间分布与特征。而由于研究地级单元阈值范围相近，故采用邻接空间权重矩阵。局域

Moran's I 散点图刻画了耦合度（或协调度）与其空间滞后项的关系，将不同地区分为高高（H–H 第一象限）、高低（H–L 第二象限）、低低（L–L 第三象限）、低高（L–H 第四象限）四种类型。LISA 集聚图可以清楚地反映出耦合度（协调度）的空间聚类和异常值分布情况。热点分析反映耦合度（协调度）高高集聚和低低集聚的"热点区域"和"冷点区域"[1][2]。全域 Moran's I 统计量 MI 的表达公式为

$$MI = \frac{\sum_{i=1}^{N} \sum_{j=1}^{N} w_{ij}(Y_i - \bar{Y})(Y_j - \bar{Y})}{S^2 \sum_{i=1}^{N} \sum_{j=1}^{N} w_{ij}} \tag{6-6}$$

其中，N 为空间单位的个数，$S^2 = \frac{1}{N} \sum_{i=1}^{N} (Y_i - \bar{Y})^2$，$\bar{Y} = \sum_{i=1}^{N} Y_i$，$Y_i$ 代表第 i 个地级单元的属性值，W_{ij} 为空间权重矩阵 W 中的第 (i, j) 个属性值。Moran's I 指数在 $[-1, 1]$，当属性值大于零时表示整个空间自相关，越接近 1 空间相关性越强；当属性值小于零时则说明存在空间负相关，越接近 -1，表示负相关性越强，$MI = 0$ 表示不存在空间相关性。Moran（1984）进一步指出 Moran's I 值近似服从均值为 $E(I)$ 和方差为 $V(I)$ 的正态分布，根据空间数据的分布特征可以得到

$$E(I) = -\frac{1}{N-1} \tag{6-7}$$

$$V(I) = \frac{N^2 w_1 + N w_2 + 3 w_0^2}{w_0^2 (N^2 - 1)} - E^2(I) \tag{6-8}$$

其中，

$$w_0 = \sum_{i=1}^{N} \sum_{j=1}^{N} (w_{ij}), \quad w_1 = \frac{1}{2} \sum_{i=1}^{N} \sum_{j=1}^{N} (w_{ij} + w_{ji})^2, \quad w_2 = \sum_{i=1}^{N} (w_{i.} + w_{.j})$$

$$\tag{6-9}$$

权重矩阵第 i 行之和与第 j 列之和分别由和 $w_{i.}$ 和 $w_{.j}$ 表示，那么就可以求得近似服从标准正态分布的 Moran's I 指标为

$$z = \frac{I - E(I)}{\sqrt{V(I)}} \sim N(0, 1) \tag{6-10}$$

局域空间自相关 Moran's I（LISA）的定义为

---

①　邓明. 变系数空间面板数据模型及其应用的研究 [M]. 厦门：厦门大学出版社，2014.
②　沈体雁，冯等田，孙铁山. 空间计量经济学 [M]. 北京：北京大学出版社，2010.

$$I_i = Z_i \sum_{j \neq i}^{n} w_{ij}' Z_j \qquad (6\text{-}11)$$

其中，标准化后的 X_i 的值表示成为 $Z_i = (X_i - \bar{X}) / S^2$，$Z_j$ 是与第 i 个地域单元相邻的属性值，这里具体为人口集聚与生态脆弱的耦合度和协调度。w_{ij} 是空间权重矩阵，由于本书所涉及的是县级地域单元，各县（市、区）之间的空间阈值相差不大，因而采用二元临接空间权重矩阵可以很好地刻画不同属性的空间关系。这种空间权重矩阵表达的是：如果两个观测单元相邻（这里又有 Rook 连接和 Queen 连接，前者表示两个单元有公共边界才算连接，后者表示只要两个单元有公共定点或边界都算连接。本书采用 Rook 连接法则），以及存在共同的边界或顶点，则 $w_{ij} = 1$，否则 $w_{ij} = 0$，空间权重矩阵是一个对称矩阵，主对角线上的元素 $w_{ij} = 0$，表示空间上不相关。

（3）实证结果及分析

根据公式（6-1）~（6-3）测算该区域人口集聚度与生态脆弱性的耦合度和协调度，具体结果见表 6-4、图 6-1 和图 6-2。通过测算结果可知，从区域整体看，人口集聚与生态环境耦合度均值为 0.646 1，协调度均值为 0.439 3，这说明区域整体上人口集聚与生态环境的耦合并不高，处于磨合耦合阶段，而人口集聚与生态环境的协调性更差，处于不协调状态。这一点从该区域人口集聚度、人口密度和生态环境脆弱性的空间分布状况也可以得到直观的反映。就区域 42 个县（市、区）而言，其中耦合度最低的为理县，耦合度的值仅为 0.100 5；而协调性最差为松潘县，耦合度的值仅为 0.106 0。从区域内部的这种差异特征也可以看出，生态脆弱性高，自然灾害危险度同样也较高，是不适宜人类居住的，人口过度分布会导致生态环境与人口发展的失衡。进一步讲，从区域耦合度与协调度的整体情况看，耦合度的值要明显高于协调度，说明人口与生态环境的交互作用较强，尤其体现在人类活动对生态环境的影响以及自然灾害发生对人口集聚的影响上，如汶川和芦山地震灾害对人口迁移和再分布的影响。但从区域整体看，人口集聚与生态环境的协调性较差，处于不协调的状态，说明人口集聚过程中与生态环境的关系处理并不恰当。

从区域内部人口集聚度与生态脆弱性的耦合度和协调性的空间差异看，耦合度的空间分布呈现明显的东南高、西北低的特点，广元市中区→绵阳市中区→德阳市中区→成都市→雅安市中区一线形成明显的区域间隔。这与该线东南部人口密度较大，人口流动性较强，自然灾害危险度弱和生态脆弱性较弱有着较大关系。人口密度高和人口流动性强意味着该区域人类活动活跃，与生态环境的作用关系强，如人类对资源的开发和生态的适应等；而生态脆弱性较低和自然灾害危险度低说明该区域能够吸纳更多的人口，因而两者的耦合度要高于区域其他地区。从人口集聚与生态环境脆弱性的协调度看，协调性较高的区域主要集中在成都市周边，形成较为明显的单中心，其空间分布与耦合度也呈现较高的吻合性，论证了耦合度较高的区域，一般来说协调度也较高。成都市周边县（市、区）人口集聚与生态环境的协调度较高，也可能与该区域在人口规划布局中，更恰当地考虑了人口的集中分布与生态环境保护的关系有关。成都市周边县（市、区）围绕成都市，城市化率普遍较高，人口居住较为集中，且以农业生产为主要方式的人类活动比例较低，这一状况有效地降低了人口不合理活动对生态环境的破坏程度。

表6-4 龙门山断裂带区域各县（市、区）人口集聚与生态脆弱性耦合度与
协调度测算结果（2012年）

地区	耦合度	协调度	地区	耦合度	协调度	地区	耦合度	协调度
朝天区	0.745 0	0.284 3	江油市	0.303 6	0.461 4	新都区	0.672 2	0.791 3
青川县	0.555 6	0.258 8	梓潼县	0.428 9	0.465 0	温江区	0.984 3	0.784 7
广元市中区	0.813 1	0.419 9	盐亭县	0.742 6	0.472 0	崇州市	0.906 9	0.588 3
元坝区	0.585 0	0.383 3	三台县	0.630 6	0.545 0	新津县	0.893 0	0.693 5
苍溪县	0.802 4	0.443 3	绵阳市中区	0.740 9	0.917 1	大邑县	0.822 8	0.500 7
剑阁县	0.588 4	0.434 4	安县	0.844 6	0.471 4	邛崃市	0.860 7	0.546 7
松潘县	0.112 4	0.106 0	绵竹市	0.985 2	0.514 2	芦山县	0.754 3	0.318 4
黑水县	0.169 7	0.143 1	德阳市中区	0.783 2	0.698 4	宝兴县	0.766 1	0.161 9
茂县	0.329 9	0.179 0	什邡市	0.757 3	0.660 3	天全县	0.513 2	0.254 8
理县	0.100 5	0.110 4	广汉市	0.894 1	0.743 1	名山区	0.226 3	0.532 9
汶川县	0.263 1	0.194 3	中江县	0.955 7	0.577 9	雅安市中区	0.456 9	0.450 9
小金县	0.150 7	0.150 9	彭州市	0.870 3	0.543 9	荥经县	0.757 5	0.272 1
平武县	0.745 0	0.208 4	都江堰市	0.890 9	0.621 5	汉源县	0.772 0	0.427 3
北川县	0.555 6	0.244 8	郫都区	0.854 0	0.638 2	石棉县	0.559 5	0.235 2
均值	0.646 1	0.439 3						

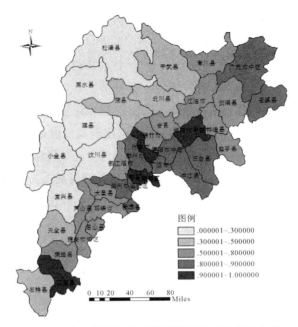

图 6-1　人口集聚与生态脆弱性耦合度空间分布图

图片来源：根据表 6-4 计算结果，利用 ArcGIS 10.2 软件绘制而成。

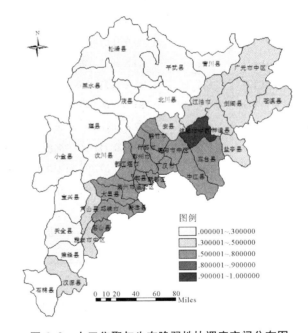

图 6-2　人口集聚与生态脆弱性协调度空间分布图

图片来源：根据表 6-4 计算结果，利用 ArcGIS 10.2 软件绘制而成。

| 地震灾害频发地区的人口迁移与分布问题研究——以四川龙门山断裂带为例

从人口集聚与生态环境协调度的 3 个大类、5 个亚类和 15 个子类的划分标准看，该区域几乎全部的县（市、区）都处于 $U_{Eco} - U_{Rkjj} > 0.1$，即严重不协调—人口滞后和不协调—人口滞后这两种类型当中。由于计算结果基本处于 $U_{Eco} - U_{Rkjj} > 0.1$ 这一范围，本书将不再描绘出协调度划分的 15 个子类的空间分布图。龙门山断裂带区域之所以处于严重不协调—人口滞后和不协调—人口滞后这两种类型，可以从两个方面做出解释。首先，该区域基本上是人口滞后型，主要受到该区域自然地环境特征、灾害频发以及地形海拔等对人口分布的影响，这从客观上印证了自然地理环境作为影响人口迁移与分布的前置因素所起到的作用不容忽视。其次，该区域基本上是严重不协调和不协调类型，说明该区域的人口集聚与生态环境之间的关系远未达到均衡合理，尤其是在生态环境脆弱区和地震地质灾害高危险地区依旧分布着大量的人口，潜藏着巨大的风险。

（4）空间集聚及特征

人口集聚和生态环境耦合度与协调度，在地域和时间上并非一成不变，它既表现出集聚的空间分布特征，又表现出集聚的动态演化趋势。这是因为，人口集聚和生态环境的耦合受到两大系统内部各要素之间的相互影响。一方面，人口迁移流动、人口分布和社会经济等资源要素具有明显的地域和区域性，而这种地域和区域特征会作用于生态环境的不同方面，对当地的资源要素、生态要素产生要求，对生态环境产生压力，因而在人口集聚与生态环境各要素的交互作用下，耦合度与协调度会呈现明显的地域特征。另一方面，随着资源要素、生态条件及压力的变化，资源、生态条件反馈机制的作用会促使人口、产业和基础设施布局等发生新的变化，因而人口集聚、分布与迁移流动等方面也会随之不断变化，使得这种空间集聚特征也随时间不断动态演化。

从该区域 2012 年人口集聚与生态环境耦合度与协调度看，局域莫兰值分别为 0.593 6、0.408 6，且均在 1% 的显著性水平下通过检验。这表明区域整体耦合度与协调度呈现明显的空间自相关。从局域莫兰散点图 6-3、图 6-4 可以直观地看出，不论是人口集聚与生态环境的耦合度还是协调度，都落在第一象限和第三象限内的散点，明显多于落在第二和第四象限内的散点。该区域人口集聚与生态环境耦合度和协调度的空间集聚特征十分明显，绝大多数地区处于高耦合集聚和高协调集聚与低耦合集聚和低协调集聚水平上。但要研究具体落在不同象限的区域在空间上的分布如何，还需要通过 LISA 聚类图进行分析。

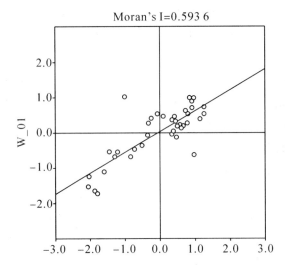

图 6-3　人口集聚与生态脆弱性耦合度全域莫兰散点图

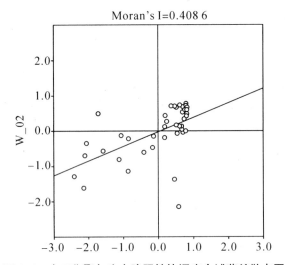

图 6-4　人口集聚与生态脆弱性协调度全域莫兰散点图

通过对 LISA 聚类图的进一步分析，本书对该区域人口集聚和生态环境耦合度、协调度的空间特征进行了进一步的描述与分析，具体结果见表 6-5、表 6-6 和图 6-5、图 6-6。

表 6-5 人口集聚与生态脆弱性耦合度 LISA 集聚分象限结果

象限	所在县（市、区）	占比/%
第一象限	广元市中区，苍溪县，元坝区，盐亭县，三台县，绵阳市中区，安县，绵竹市，德阳市中区，广汉市，什邡市，彭州市，郫都区，新都区，都江堰市，温江区，崇州市，新津县，大邑县，邛崃市，名山区	52.50
第二象限	剑阁县，梓潼县，荥经县，石棉县	10.00
第三象限	青川县，平武县，松潘县，北川县，黑水县，茂县，理县，汶川县，小金县，宝兴县，天全县，芦山县	30.00
第四象限	江油市，雅安市中区，汉源县	7.50

表 6-6 人口集聚与生态脆弱性协调度 LISA 集聚分象限结果

象限	所在县（市、区）	占比/%
第一象限	广元市中区，剑阁县，苍溪县，元坝区，盐亭县，三台县，绵阳市中区，安县，绵竹市，德阳市中区，广汉市，什邡市，郫都区，新都区，都江堰市，温江区，崇州市，新津县，邛崃市，名山区，中江县，梓潼县	52.38
第二象限	石棉县	2.38
第三象限	青川县，平武县，松潘县，北川县，黑水县，茂县，理县，汶川县，荥经县，宝兴县，天全县，芦山县	28.57
第四象限	彭州市，大邑县雅，安市中区，汉源县，小金县	16.67

从表 6-5、表 6-6 看，研究区域各县（市、区）耦合度与协调度 LISA 集聚的象限分布情况如下：2012 年该区域人口集聚与生态环境耦合度和协调度，落在第一象限的个数分别为 21 个和 22 个，占区域整体的比例分别为 52.5% 和 52.38%。虽然耦合度与协调度落在区域高—高集聚的地域单元较多，但从统计意义上讲显著的地区并不多。从图 6-5 和 6-6 可以看出，其中耦合度高—高集聚且具有统计显著性的县（市、区）分别为中江县、德阳市中区、广汉市、新都区和郫都；而协调度高—高聚集模式且具有统计显著性的县（市、区）分别为梓潼县、三台县、德阳市中区、广汉市、新都区。耦合度与协调度高—高聚集且统计显著的区域空间分布基本一致，均分布在成都东北边缘，具有较高耦合度与协调度的区域是较适宜人口集聚和大规模分布的区域，其环境的承载力较高、生态脆弱性较低。在未来人口规划中也是属于人口迁入和集中分布的重点区域。

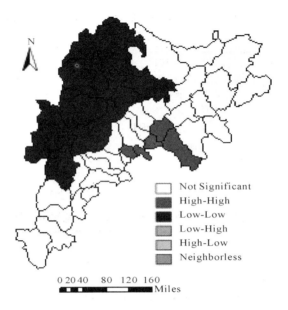

图 6-5　人口集聚与生态环境耦合度 LISA 集聚图

图片来源：根据表 6-5 计算结果，基于 LISA 空间聚类分析法，利用 ArcGIS 10.2 计算并绘制而成。

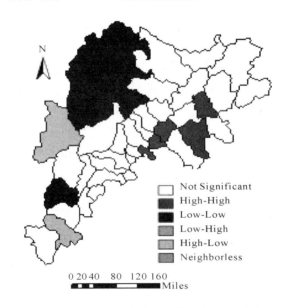

图 6-6　人口集聚与生态环境协调度 LISA 集聚图

图片来源：根据表 6-6 计算结果，基于 LISA 空间聚类分析法，利用 ArcGIS 10.2 计算并绘制而成。

同样，2012 年该区域人口集聚与生态环境耦合度和协调度，落在第三象限的个数均为 12 个，占区域整体的比例为 28.57%，从统计显著性上看，要明显高于第一象限的地区。其中耦合度为低—低聚集模式且具有统计显著性的县，分别为松潘县、黑水县、茂县、理县、北川县、汶川县、小金县和宝兴县；协调度为低—低聚集模式且具有统计显著性的县，分别为松潘县、黑水县、茂县、理县和天全县。耦合度与协调度低—低聚集且统计显著的区域空间分布，与耦合度和协调度分布基本一致，分布在龙门山脉主要断裂带上。该区域人口集聚与生态环境耦合度和协调度低—低聚集的空间，要明显多于高—高聚集的空间，进一步说明了区域整体的绝大多数地区，人口稀疏、生态脆弱、自然灾害频发还存在地震灾害隐患。人口在这部分县（市、区）的大面积疏散分布，将会给人口安全带来严重的潜在危险和隐患。这部分区域将是未来人口布局中，鼓励人口向外迁移和流动，远离灾害危险，更好地适宜自然环境的重点区域。

而耦合度与协调度处于低—高和高—低集聚的区域占比并不广泛，同时在统计意义上也不显著。其中协调度高—低聚集模式的地区主要是小金县和汉源县。处于高—低聚集模式的地区是由高—高聚集向低—低聚集模式的过渡区，这部分区域人口集聚与生态环境协调的水平不是特别高，在人口集聚与生态保护中，稍有不慎就会引起两大系统之间的不协调，在未来生态保护与人口分布中更要实地考察，在重布局人口还是重生态保护两者间，要权衡利弊，才能实现更高水平的协调发展。

6.2　社会经济水平与人口迁移与分布

在现代社会，人口的分布除了受到自然地理环境的影响外，更多的是受到地区社会经济发展水平的差异、产业集聚、道路交通便捷度以及人口迁移政策等的影响，且社会经济发展水平在影响人口迁移与分布过程中所发挥的作用越来越突出。而在诸多的理论和文献当中也体现了人口集聚与经济集聚之间的关系。如封志明、刘晓娜就研究了中国省级层面的人口经济集聚趋势，发现人口集聚与经济集聚两者之间呈现出一致性的趋势，且这种趋势在加强，大部分地区还出现了人口集聚超越经济集聚的现象[①]。涂建军、周艳研究了四川省主体功能区当中重点开发区的人口集聚与经济发展的耦合协调关系，发现两者之间

---

① 封志明，刘晓娜. 中国人口分布与经济发展空间一致性研究 [J]. 人口与经济，2013 (2)：3-11.

的耦合协调关系在不断增强，并且地区差异在缩小，说明了人口和经济之间的关系在不断优化①。马子量还研究了西北地区产业集聚与人口集聚的地理耦合与交互协同关系，发现伴随产业集聚度的提高地区的城市化水平和人口集聚度会明显提高，两者之间存在线性共生关系，并且产业集聚与人口集聚还呈现出地理耦合，而这种态势也在不断扩张②。

龙门山断裂带区域地处地震灾害频发区，区域的地形地貌、自然灾害与生态状况均呈现出特殊性，同时，由于地域范围广，区域内社会经济发展水平的差异性也十分明显。本书第 4 章和第 5 章研究了该区域人口分布、迁移与社会经济发展水平的关系，为研究龙门山断裂带区域的整体特征和区域内部差异性特征，借鉴 6.1.2 的方法，建立社会经济水平与人口集聚的耦合协调模型，进一步清晰反映社会经济发展水平在影响人口迁移与分布中的作用以及两者的交互关系。

人口的流动与迁移总是处于不断的变动之中，为了获得更高的工资、福利待遇、摆脱贫困以及因灾等原因会驱使人口不断由落后地区向发达地区积聚。尤其是近年来随着我国户籍制度的松动，迁移流动规模激增，全国范围内的人口流动，包括跨县、跨市以及跨省的流动人口都极大地改变了我国人口的分布格局，大城市人口急剧膨胀、农村空心化和农村衰落现象等相伴而生。刘盛和等就利用五普数据以及修正后的人口迁移模型，研究了自然地环境和社会经济发展水平对人口流动方向以及规模的影响③。其中，人口的净流出地区，一般是人均 GDP 低于 400 元的地区，同时这类地区也是人口非活跃区。可以说不仅社会经济发展影响人口的迁移与分布，人口数量的改变和人口流动与空间集聚同样会影响地区经济发展。一个地区劳动适龄人口比重的增加会影响地区人口红利，降低劳动力成本；而人口的城乡流动在推动地区城市化水平提高的同时，也会促进经济集聚的形成，促进人力资本与物质资本积累，提升城市竞争力与产业结构升级，从而有助于提高劳动生产效率④。所以，人口集聚与社会经济发展水平这两大系统之间同样存在交互耦合的关系。

---

① 涂建军，周艳. 主体功能区人口—经济耦合协调关系研究：以四川省重点开发区为例 [J]. 西南大学学报（自然科学版），2013，35（4）：118-124.

② 马子量. 西北地区产业集聚与城市人口集聚：交互协同及地理耦合：基于演化视角的空间统计分析 [J]. 西南民族大学学报（人文社会科学版），2016，37（5）：121-126.

③ 刘盛和，邓羽，胡章. 中国流动人口地域类型的划分方法及空间分布特征 [J]. 地理学报，2010，65（10）：1187-1197.

④ 于婷婷，宋玉祥，浩飞龙，等. 东北地区人口结构与经济发展耦合关系研究 [J]. 地理科学，2016，36（10）：26-32.

6.2.1 模型建立

本部分模型建立方法与 6.1.2 的方法相同，此处构建反映人口集聚与经济发展水平这两大系统的耦合度与协调度模型，具体模型如下：

$$C = \{U_{Rkjj} \cdot U_{Jjfz} / ([U_{Rkjj} + U_{Jjfz}]/2)^2\}^{1/2} \qquad (6\text{-}12)$$

其中：C 为耦合度；U_{Rkjj}、U_{Jjfz} 分别为人口集聚和经济发展的综合功效。

$$D = \sqrt{C \cdot T} \qquad (6\text{-}13)$$

$$T = \alpha U_{Rkjj} + \beta U_{Jjfz} \qquad (6\text{-}14)$$

D 为协调度，综合调和指数为 T，人口集聚与经济发展的贡献额分别为 α 和 β，都分别为 1/2（本书假定同等重要）。关于人口集聚与经济发展水平的耦合度和协调度划分标准和划分等级与 6.1.2 的标准相同，本部分将不再具体展开。

6.2.2 指标测算及方法

本部分使用的数据同样是两大系统，即人口集聚度和经济发展水平，其中人口集聚度的数据指标体系、测算已经在前一部分进行了详细的论述。经济发展水平用经济集聚度来表示，主要由人均 GDP 和 GDP 增长强度两个指标合成，为两者的乘积，可以反映一个地区经济发展的潜力和强度。其中经济增长强度指标根据《省级主体功能区域划分技术规范》制定的分级标准进行分级。经济发展水平基础数据来自《四川省统计年鉴》（2013 年），具体指标及依据如表 6-7 所示。

表 6-7　龙门山断裂带区域各县（市、区）经济发展水平指标

地区	人均 GDP /元	GDP 增长强度	地区	人均 GDP /元	GDP 增长强度	地区	人均 GDP /元	GDP 增长强度
朝天区	16 496	1.3	江油市	31 028	1.3	新都区	58 370	1.3
青川县	11 521	1.3	梓潼县	22 053	1.3	温江区	65 828	1.3
广元市中区	30 388	1.3	盐亭县	18 685	1.2	崇州市	24 695	1.3
元坝区	19 926	1.3	三台县	18 082	1.3	新津县	56 066	1.3
苍溪县	14 834	1.3	绵阳市中区	58 865	1.3	大邑县	26 408	1.3
剑阁县	15 032	1.3	安县	22 225	1.3	邛崃市	24 488	1.3
松潘县	17 402	1.3	绵竹市	36 294	1.3	芦山县	23 086	1.3
黑水县	24 425	1.4	德阳市中区	51 725	1.3	宝兴县	35 126	1.3

表6-7(续)

地区	人均GDP/元	GDP增长强度	地区	人均GDP/元	GDP增长强度	地区	人均GDP/元	GDP增长强度
茂县	23 636	1.3	什邡市	45 557	1.3	天全县	27 603	1.3
理县	32 143	1.3	广汉市	42 559	1.3	名山区	19 032	1.3
汶川县	45 762	1.3	中江县	19 938	1.3	雅安市中区	31 752	1.3
小金县	11 738	1.3	彭州市	27 877	1.3	荥经县	32 997	1.3
平武县	16 381	1.3	都江堰市	31 481	1.3	汉源县	15 325	1.2
北川县	15 835	1.3	郫都区	42 847	1.3	石棉县	42 367	1.3

为避免不同指标量纲的影响，对两大指标采用极差标准化的方法进行处理，其中人口集聚和经济发展水平均为正向指标（方法同6.1.2），标准化后的指标取值在［0-1］。为了反映人口集聚与经济发展水平的空间特征，同样沿用了本书全域空间自相关、局域莫兰散点图以及热点分析等空间分析的一些基本方法，在这里将不再给出具体的公式。

6.2.3 实证结果及分析

根据公式（12）~（14）测算该区域人口集聚度与经济发展的耦合度与协调度，具体结果见表6-8、图6-7和图6-8。通过测算结果可知，从区域整体看，人口集聚与耦合度均值为0.766 0，协调度均值为0.379 9，这说明区域整体上人口集聚与经济发展的耦合并不高，处于磨合耦合阶段，而人口集聚与经济发展的协调性更差，处于不协调状态。与人口集聚和生态环境的耦合度相比要略高，协调性要略低，但均处于同一耦合和协调阶段。这说明该区域不论是人口集聚与生态环境，还是人口集聚与经济发展，其协调关系都不理想。而经济发展水平在影响人口集聚的作用上，已经显现出明显高于自然地理环境的趋势。

就该区域42个县（市、区）而言，耦合度最低的依旧是理县，值仅为0.082 0，而协调性最低为小金县，值仅为0.050 7。但耦合度最高的区域不仅仅是在经济发展水平高的地区，如成都周边县（市、区）和几大市中区，同样在社会经济发展水平相对落后的地区，如苍溪县、小金县以及名山区等地区，也表现出较高水平的耦合度。这表明社会经济发展水平与人口集聚的关系同生态环境等自然地理环境与人口集聚的关系不同，其变动的灵活性更大，相互作用的方式更为明显。虽然如此，但从图6-7和图6-8看，耦合度和协调度空间分布的基本特征、人口集聚与经济发展的交互耦合与协调的关系，基本上与人口集聚和生态环境交互耦合与协调关系的空间分布格局是一致的。

表 6-8　龙门山断裂带区域各县（市、区）人口集聚与经济发展耦合度与
协调度测算结果（2012 年）

地区	耦合度	协调度	地区	耦合度	协调度	地区	耦合度	协调度
朝天区	0.908 7	0.237 4	江油市	0.822 4	0.425 0	新都区	0.937 2	0.758 2
青川县	0.723 4	0.085 7	梓潼县	0.909 5	0.345 7	温江区	0.901 2	0.776 6
广元市中区	0.820 0	0.416 9	盐亭县	0.999 9	0.316 1	崇州市	0.992 4	0.453 4
元坝区	0.856 9	0.289 7	三台县	0.985 4	0.370 9	新津县	0.875 6	0.681 6
苍溪县	0.966 7	0.275 7	绵阳市中区	0.996 0	0.956 3	大邑县	0.918 8	0.416 2
剑阁县	0.873 1	0.248 4	安县	0.961 2	0.377 4	邛崃市	0.970 0	0.422 7
松潘县	0.513 0	0.163 2	绵竹市	0.824 1	0.479 8	芦山县	0.651 2	0.275 0
黑水县	0.162 6	0.146 2	德阳市中区	0.914 6	0.680 0	宝兴县	0.168 6	0.188 1
茂县	0.310 9	0.184 7	什邡市	0.953 2	0.663 3	天全县	0.445 6	0.258 4
理县	0.082 0	0.122 3	广汉市	0.965 6	0.648 2	名山区	0.925 7	0.362 5
汶川县	0.181 3	0.235 1	中江县	0.987 4	0.417 6	雅安市中区	0.817 0	0.430 3
小金县	0.925 3	0.050 7	彭州市	0.963 0	0.468 1	荥经县	0.461 2	0.304 5
平武县	0.519 9	0.155 1	都江堰市	0.914 2	0.478 9	汉源县	0.899 7	0.272 1
北川县	0.715 2	0.179 1	郫都区	0.971 3	0.659 0	石棉县	0.278 0	0.278 0
均值	0.766 0	0.379 9						

从区域内部的差异特征也可以看出，作为经济发展水平较高的区域，其工资水平以及社会福利待遇等，都处于明显的优势，一般都是适宜人类居住的地区，因而导致人口集聚与经济集聚的交互作用特征更显著。进一步说，从区域耦合度与协调度的整体情况看，耦合度的值要明显高于协调度，说明人口集聚与经济发展水平的交互作用较强。在经济发展水平高的区域，其城市化率和人口迁入率都较高。外来人口迁入带来了更多的流入型人口红利，因为迁入的人口较年轻。但就区域整体而言，人口集聚与经济发展水平的协调性较差，处于不协调的状态，并且该指标值低于人口集聚与生态脆弱性的协调性，说明人口集聚过程中与地区经济承载力的关系处理并不恰当，表现尤为突出的是，目前存在的大城市人口急剧膨胀和盲目扩张、城市内部失业等问题。

从区域内部人口集聚度和经济发展耦合度与协调性的空间差异看，耦合度高的空间，明显分布在区域东北部及成都周边县（市、区）。这主要与区域东北部人口流动性强，成都周边经济发展水平高且人口流入率高、人口密度高等有关。

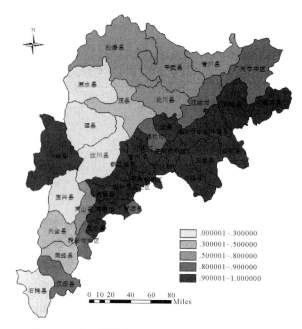

图 6-7　人口集聚与经济发展耦合度空间分布图

图片来源：根据表 6-8 计算结果，利用 ArcGIS 10.2 软件绘制而成。

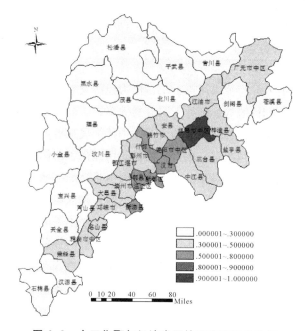

图 6-8　人口集聚与经济发展协调度空间分布图

图片来源：根据表 6-8 计算结果，利用 ArcGIS 10.2 软件绘制而成。

因此这两大区域也是人口集聚与经济发展交互作用最为强烈的区域。就人口集聚与经济发展的耦合度来看，处于极高和较高耦合度的地区比例，要明显高于人口集聚与生态脆弱性耦合度的地区，从另一侧面说明，该区域经济发展水平对人口集聚的影响更大。

从人口集聚与经济发展水平的协调性看，其协调性较高的区域很少，绝大部分地区处于不协调和严重不协调的类型。这说明虽然区域内部人口集聚和经济发展水平耦合度存在地区分布的差异，但协调度整体上并不高。属于高级协调和优化协调的地区仅有绵阳市中区、德阳市中区以及成都市的部分县（市、区）。这说明在经济发展、经济集聚的过程中，人口由落后的地区流出，向经济发达的地区流入，这种以经济发展为导向的人口集聚过程，存在诸多的隐患和问题。以成都市为例，过多的人口流入导致了成都市人口大规模膨胀，从而成都成为人口超过千万的特大城市，而成都虽然作为四川省的政治、经济、文化中心，但过度的人口膨胀也造成了城市超载和超负荷运转。以人口流出为主的区域为四川东北部地区，大量的人口迁出造成了当地劳动力的短缺，制约了地区经济发展。而人口流动强度、人口密度和人口集聚程度较低的区域为四川西部和北部地区，由于其自身的经济发展水平相对滞后，人口分布更多地受到固有居住模式和自然地理条件以及生活方式的影响，而受经济发展水平的影响偏小，导致人口集聚与经济发展的耦合度与协调度均较差。

所以，在考虑经济发展水平与人口集聚的关系过程中，不仅要考虑经济聚集对人口迁移和分布的影响，也要考虑人口迁移流动对迁出地和迁入地经济发展带来的差异化影响。此外，对那些人口流动强度本身较弱，而居住与分布更多地受自然地理环境和居住文化、居住传统习俗影响的地区，要考虑稳定既有的居住模式，不能盲目迁移集中。

从人口集聚与经济发展调度的 3 个大类、5 个亚类和 15 个子类的划分标准看，该区域绝大多数单元属于严重不协调—人口滞后、不协调—人口滞后以及严重不协调—同步滞后、不协调—同步滞后这两种大类当中。从图 6-9 给出的该区域人口集聚与经济发展协调度子类型空间分布图可以看出，属于严重不协调—人口集聚滞后的区域，主要分布在川西高原的阿坝州以及雅安市的大部分县（市、区），占到区域整体的 21.43%。这部分地区主要处于人口密度稀疏的区域，不论是人口集聚程度还是城市化水平，都相对滞后；不仅如此，这部分县（市、区）经济发展水平同样落后。成都周边县（市、区）和几大市中区，则属于不协调—人口集聚滞后类型，主要是因为这部分区域人口集聚程度相较于经济发展水平还略有不足，区域存在人口过度集聚的问题。处于严重不协调—同步滞后和不协调—同步滞后的区域，主要分布在区域东北部广大县（市、区），原因在于这部分区域长期作为人口流出的主要地区，劳动力的大量外流导致了本地人口聚集程度的下降，进而影响到其社会经济发展水平的提升，因而属于同步滞后的类型。这部分区域占到了区域整体的33.33%。

相较于人口与生态环境协调的子类型划分，人口集聚与经济发展的子类型的差异更为明显，说明人口的迁移分布与社会经济之间的关系更为复杂，而且两者之间的交互影响更为明显。该区域整体人口集聚与经济发展基本上是严重不协调和不协调类型，说明人口集聚与经济发展之间的关系同样未达到良性状态，尤其是部分地区存在不协调且同步滞后的特点，对未来人口的再分布能否推动地区经济发展以及地区经济发展能否容纳一定量的人口，都存在严峻的挑战。

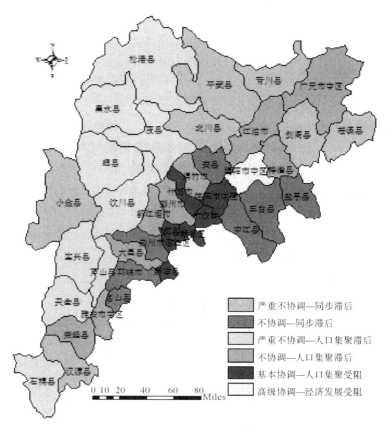

图6-9 人口集聚与经济发展协调度子类型空间分布图

图片来源：根据人口与生态环境协调的子类型划分结果（文中未给出计算结果），利用ArcGIS 10.2软件绘制而成。

6.2.4　空间集聚及特征

人口集聚和经济发展的耦合度与协调度在地域和时间上，同样并非一成不变，既表现出静态的空间分布特征，又表现出动态演化趋势。这是因为，人口集聚和经济发展的耦合受到两大系统内部各要素之间的相互影响。一方面，人口流动、人口分布和社会经济要素资源等具有明显的地域性和区域性，不同年龄结构的人口流动和再分布会给不同区域的劳动力供给、劳动力价格以及人力资本积累等带来不同的影响。因此，人口因素的变化尤其是劳动力的变化会对经济发展产生较大影响，从而导致耦合度与协调度呈现明显的地域特征。另一方面，地区经济发展政策的改变，地区产业集聚状况的变化，基础设施布局、福利待遇和生活成本等发生新的变化，人口集聚、分布与迁移流动等也会随之而不断变化，人们会重新选择迁入地或者选择回流，从而打破原有的空间集聚特征。

2012 年，该区域人口集聚与经济发展耦合度和协调度的局域莫兰值分别为 0.629 0、0.496 9，且均在 1% 的显著性水平下通过检验。这表明区域整体耦合度与协调度呈现明显的空间自相关。从图 6-10、图 6-11 可以直观地看出，人口集聚与经济发展耦合度、协调度的空间聚类特征和人口集聚与生态脆弱性耦合度、协调度特征类似，落在第一象限和第三象限内的散点，明显多于落在第二象限和第四象限内的散点。这说明该区域人口集聚与经济发展耦合度和协调度的空间聚类特征十分明显，绝大多数地区处于高—高集聚和低—低

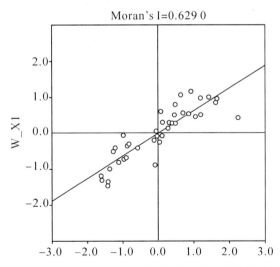

图 6-10　人口集聚与经济发展耦合度全域莫兰散点图

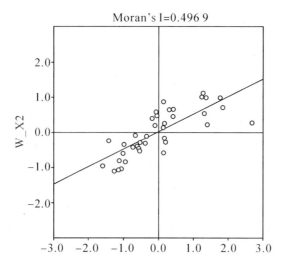

Moran's I=0.496 9

图 6-11　人口集聚与经济发展协调度全域莫兰散点图

集聚的类型。但与人口集聚和生态环境两大系统协调度相比，人口集聚与经济发展协调度落在第三象限低—低集聚的个数要明显偏多，本部分同样给出了该区域人口集聚和经济发展耦合度、协调度的 LISA 空间聚类结果，对其空间特征进行进一步的描述与分析，具体结果见表 6-9、表 6-10。

表 6-9　人口集聚与经济发展耦合度 LISA 集聚分象限结果（2012 年）

象限	所在县（市、区）	占比/%
第一象限	元坝区，盐亭县，三台县，绵阳市中区，安县，绵竹市，德阳市中区，中江县，广汉市，什邡市，彭州市，郫都区，新都区，都江堰市，温江区，崇州市，新津县，大邑县，邛崃市，名山区	50.00
第二象限	剑阁县	2.50
第三象限	青川县，广元市中区，平武县，松潘县，北川县，黑水县，茂县，理县，汶川县，荥经县，宝兴县，天全县，芦山县，汉源县，石棉县，小金县	40.00
第四象限	苍溪县，江油市，雅安市中区	7.50

表 6-10　人口集聚与经济发展协调度 LISA 集聚分象限结果（2012 年）

象限	所在县（市、区）	占比/%
第一象限	绵阳市中区，中江县，德阳市中区，绵竹市，什邡市，广汉市，新都区，彭州市，郫都区，都江堰市，温江区，崇州市，新津县，大邑县，邛崃市	37.50
第二象限	三台县，梓潼县，安县，名山区	10.00
第三象限	苍溪县，剑阁县，盐亭县，青川县，平武县，松潘县，北川县，黑水县，茂县，理县，汶川县，小金县，宝兴县，芦山县，天全县，荥经县，汉源县，石棉县	45.00
第四象限	江油市，广元市中区，雅安市中区	7.5

从表 6-9、表 6-10 研究区域各县（市、区）耦合度与协调度 LISA 集聚的象限分布情况可以看出，在 2012 年该区域人口集聚与生态环境耦合度与协调度落在第一象限的个数分别为 20 个、15 个，占到区域整体的比例分别为 50% 和 37.5%。其中协调性落在第三象限低—低集聚的个数要明显高于落在第一象限的个数。本处给出了类似于 LISA 聚类图的热点分析。LISA 聚类图仅能反映空间集聚的异常值，而 Getis—Ord'Gi∗ 热点图反映耦合度（协调度）高—高集聚和低—低集聚的热点区域和冷点区域更为直观明了。

图 6-12、图 6-13 为人口集聚与经济发展耦合度、协调度的散点分布图。从统计显著性意义上讲，耦合度高—高集聚热点区域，主要有梓潼县、绵阳市中区、安县、三台县等；协调度处于高—高集聚散点区域的主要县（市、区），基本上与耦合度一致。同耦合度相比，协调度的热点区域和冷点区域范围要更广，但人口集聚与经济发展耦合度、协调度的热点区域与冷点区域空间分布基本一致。从区域内部的这种空间分布特征看，耦合度、协调度良好的地区仍旧集中在成都市周边，而耦合度、协调度值较低的区域依旧是在阿坝州。虽然成都市周边县（市、区）人口集聚与经济发展的耦合度、协调度水平较高，但绝不能由此就认为该区域应该吸纳更多的人口。该区域的值之所以偏高，主要是因为该区域作为重点开发区以及成渝经济圈核心区，是由经济发展水平较高所导致的人口集聚。而合理的人口规模不仅取决于社会经济发展水平，同时还要考虑区域的生态环境和土地承载力等要素条件，切不能盲目过分扩张。

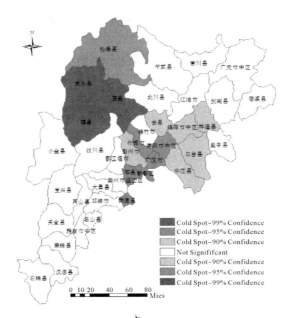

图 6-12　人口集聚与经济发展耦合度热点分布图

图片来源：根据表 6-8 计算结果，Getis-Ord'Gi * 热点分析方法，利用 ArcGIS 10.2 计算并绘制而成。

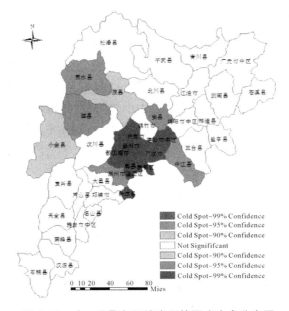

图 6-13　人口集聚与经济发展协调度人点分布图

图片来源：根据表 6-8 计算结果，Getis-Ord'Gi * 热点分析方法，利用 ArcGIS 10.2 计算并绘制而成。

同样，2012年该区域人口集聚与经济发展耦合度与协调度落在第三象限的个数均为18个，占到区域整体的比例分别为40%、45%。但从落在这一象限区域的县（市、区）单元的统计显著性上看，却要低于高—高聚集模式的地区。其中，耦合度落在冷点区域且具有统计显著性的县分别为松潘县、黑水县、茂县、理县；协调度落在冷点区域且具有统计显著性的县分别为松黑水县、茂县、理县和小金县。耦合度与协调度低—低聚集且统计显著的区域空间分布基本一致，分布在区域西部和北部高原山区，且集中分布在阿坝州。人口集聚与经济发展协调度落在第三象限的比例要明显高于人口集聚与生态环境落在第三象限的比例。可以看出，该区域在人口与社会经济以及自然生态环境的作用过程中，起主导作用的两大系统是人口系统和经济系统，且表现为人口集聚与经济发展之间的一种不协调的共振关系。这种不协调主要表现为，经济发展水平较高的地区过多地吸引了人口的流入，导致区域内部人口红利的争夺，而落后地区劳动力的外流使得其自身损失了人口红利，从而陷入了"经济落后→人口外迁→经济难以恢复"的恶性循环，这一特征在区域东北部地区表现较为明显。

6.3 多维禀赋条件和人口迁移与分布实证分析

本章6.1和6.2部分，分别就自然地理环境条件和社会经济发展条件与人口集聚的关系进行了探讨，通过测算人口集聚与两大系统的耦合度和协调度，就单一禀赋条件与人口集聚的关系进行研究。结果发现：自然地理环境条件是人口集聚的基础和前提，起着重要的影响作用，但其社会经济发展水平与人口集聚的交互作用程度日益提升；同时，不论是自然地理环境还是社会经济发展水平，与人口集聚的协调度在整体上均不理想，绝大多数地区处于严重不协调和不协调的状态；就区域内部而言，不同的地域单元自然地环境、社会经济条件与人口集聚耦合度和协调度都呈现明显的差异性。

正如地理人口学和新经济地理学等基本理论强调的，影响人口迁移与分布的因素包括自然地理环境，如地形地貌、生态环境、降水气温、自然灾害等客观因素，同样包括持续扩大的区域经济发展差异，如劳动力供需和工资水平空间差异、区位条件、产业结构和迁移政策、迁移流动的成本与收益等因素。自然地理条件对人口的分布和迁移的影响是客观的、不可改变的，如灾害的突发导致原住地被破坏而必然要进行人口迁移与再分布，这种人口迁移一般是非自愿性的；而社会经济的因素对人口迁移的影响则具有较大的灵活性，选择迁移会考虑迁移所带来的成本和收益。本章6.1和6.2部分虽然就自然地理环境状况、社会经济发展水平与人口迁移分布（这里使用了人口集聚度这一囊括人口迁移与分布的综合性指标）的交互关系进行了论证。但在多因素共同作用下，多维禀赋条件对人口集聚的综合影响尚需进一步研究，需要进一步构建计量模型进行论证。

6.3.1 模型建立

人口的分布与迁移不仅受到地理环境的制约，而且受到社会经济发展水平的影响，自然地理环境和社会经济发展水平与人口分布和迁移流动都存在较强的关联性。就自然环境而言，某一地区的地形地貌、气候温度以及自然灾害状况等，与人口集聚都存在明显的地缘相关性。高山丘陵区域一般人口集聚程度低；平原盆地人口分布密度高，且滑坡、泥石流等自然灾害危险性较低。而就社会经济因素而言，社会经济要素的配置情况以及要素的流动与集中程度等，都有较大灵活性，但又在很大程度上受自然地理环境的影响。如若不同区域间的社会经济要素的配置和流动出现不平衡，那么，在不同地区间势必产生要素集聚的差异。这种差异必然会导致部分地区相对富裕而其他地区相对落后，从而出现区域发展不平衡。新经济地理学理论强调导致这种产业与经济集中差异的重要原因，就是各自的自然地理环境的差异，产业与经济资源在地理区位相对较好的地区不断积聚，加剧了区域发展的不平衡。这种区域发展的不平衡又会导致人口迁移流动与人口再分布的差异，从而引起人口集聚的变化，使得人口集聚状况呈现出明显的空间差异特征。

考虑到人口迁移流动、人口分布与人口集聚的这种空间特征和空间关系，本书采用考虑人口集聚空间相关性的空间计量经济模型进行实证分析。空间计量模型可以解决以往研究中关于空间相关性存在的假定，更真实地刻画了某一属性的地缘关系，从而可以对空间相关性和空间不平衡性与异质性做出合理解释。为了进行对比，本书同时建立了传统OLS回归以及具有空间属性特征的三种回归模型。

（1）回归模型，用矩阵形式表示为

$$y = X\beta + \varepsilon \tag{6-15}$$

式中，y 是因变量，将其 n 个值采用向量的形式表示；X 代表 m 个自变量，每个自变量有 n 个观察值，所以是一个 $n \times m$ 的矩阵；β 是相对应 m 个自变量的回归系数，同样表示成向量形式；ε 是满足零均值、同分布的随机误差向量，或称残差向量。

当考虑到空间相关性时，残差项的独立性被打破，传统 OLS 估计将不再适用。这时需要考虑含有空间因素的回归模型，最基本的形式是以极大似然估计来构建的：空间滞后（迟滞）模型（SAR），也称为空间自回归模型。模型的右边加了一个"自变量"，是因变量 y 邻域的平均值，即 y 的空间滞后项（滞迟），许多文献中写成 $y-1$。用矩阵 W 表示空间权重，空间滞后模型（滞迟）可以表示为 Wy。矩阵 W 的第 i 行和第 j 列的值为 $W_{ij} / \sum_j W_{ij}$。

（2）空间回归的滞后（迟滞 SAR）模型，计算公式为

$$y = \rho Wy + X\beta + \varepsilon \qquad (6-16)$$

其中，ρ 为空间滞迟变量的回归系数，其他变量和参数与式（6-15）定义相同。对式（6-16）进行改写，可表示为

$$(I - \rho W) y = X\beta + \varepsilon \qquad (6-17)$$

假如 $(I - \rho W)$ 是可逆的，则式（6-17）进一步写成

$$y = (I - \rho W)^{-1} X\beta + X\beta + \varepsilon \qquad (6-18)$$

其中，式（6-18）是空间回归滞后模型的最终表达式。可以看出，每个在 i 地区的值 y_i 不仅仅与这个地区的 X_i 有关（就像一般的回归分析那样），同时，通过乘以一个空间因子 $(I - \rho W)^{-1}$，也受其他地区的 X_j 值影响。

回归模型为空间误差（残差）模型（SEM），或称为空间移动平均模型（spatial moving average model）。该模型不同于空间滞后模型，主要强调因变量的空间自相关性，而空间残差模型把残差看作空间上自相关的。

③ 空间回归的误差（残差 SEM）模型，计算公式为

$$y = X\beta + u \qquad (6-19)$$

式中，残差 u 也可用残差的空间滞后形式表示，可写成 $u = \lambda Wu + \varepsilon$（f），其中 λ 是空间残差自回归系数，而这里的 ε 是相互独立的随机误差。解方程（f）得到 u，代入式（6-19）得到终极模型：$y = X\beta + (I - \lambda W)^{-1}\varepsilon$（g）。上式说明每个地区 i 的值 y_i 受所有其他地区 j 上的随机误差 ε_j 影响，影响系数为 $y = (I - \lambda W)^{-1}$。

空间滞后模型和空间误差模型只分别考虑了因变量的空间相关性和残差项的空间相关性，但往往在有些情况下，因变量和残差项均存在空间自相关，此时将进一步考虑空间杜宾模型。空间杜宾模型同时考查了因变量的空间相关性和残差项的空间相关性，可以进一步反映地域单元 i 自变量对其相邻的地域单元 j 因变量的直接效应、间接效应等。该模型是 1988 年 Anselin 将其形式与具有残差自相关的时间序列杜宾模型相比给出的名称。

④空间杜宾模型（SDM）可以表示为

$$y = \rho W y + X\beta_1 + W X\beta_2 + \varepsilon \tag{6-20}$$

其中，$\varepsilon \sim N(0, \sigma^2 I)$。这里的 Wy 是因变量的空间滞后（迟滞），WX 是自变量的空间滞后项，代表了自变量的空间邻近也对 y 产生影响，具体的贡献情况通过系数 β_2 表示。

这部分仅给出了空间计量模型的一般形式，在确定本书变量和指标的情况下，将给出最终用于实证的计量模型。

6.3.2　指标选取

通过前文分析，影响人口迁移与分布的核心因素是自然地理环境因素和社会经济发展因素。在我国，人口迁移还受到移民政策、户籍制度以及迁移政策的影响。由于反映这类指标的数据搜集的困难性，以及基本上可以忽略目前我国人口流动在该区域受户籍制度影响的差异性（尽管移民政策在 2008 年地震灾害后的影响较为显著），其对本书所使用年份的截面数据影响不大，故暂不考虑这些方面的影响。

本书最终确定的因变量指标为人口集聚度，这一指标囊括了人口流动和人口分布的综合因素。自变量指标包括两个部分：第一部分是该区域的自然地理环境禀赋条件，这一禀赋条件所包含的内容较为广泛，涉及地形地貌、资源状况、自然灾害等，考虑到代表性和数据来源，主要采用自然灾害危险度（ZRZH）以及生态环境脆弱性（STCR）两个指标。这两个指标综合反映了该区域的自然地理环境特征，包括地形地貌、海拔、气温、降水、耕地、森林资源、水资源、生物多样性以及地震灾害、泥石流灾害、滑坡灾害、洪水灾害和干旱灾害等，能够较为全面综合地反映区域的自然地理环境特征和禀赋条件。第二部分为反映社会经济发展状况的指标，具体包括经济集聚度（JJJJ）、城市化率（CSH）、交通优势度（JTYS）三个指标。其中，经济集聚度主要反映了区域内部不同单元之间综合经济发展水平的差异，可以体现区域之间生活水平、工资福利以及产业集聚等状况的差异；城市化率反映了不同地区人口集聚的吸引能力，也代表了区域基础设施和社会保障的城乡差异；交通优势度一方面可以体现人口迁移的便捷程度，另一方面可以反映不同单元基础设施的差距。这些因素都将最终影响到人口的迁移与再分布。各指标的基本情况见表 6-11。

表 6-11　各变量名称（简称）及描述性分析

变量类型	Y	X				
变量名称	人口集聚度	经济集聚度	城市化率	交通优势度	自然灾害危险度	生态环境脆弱性
对应简称	RKJJ	JJJJ	CSH	JTYS	ZRZH	STCR
最大值	3 346.73	85 576.40	73.34	2.88	5.00	4.83
最小值	8.60	14 977.30	24.78	0.68	2.00	1.07
均值	467.20	38 601.97	39.93	1.53	3.95	3.03

数据来源：自然灾害危险度、生态脆环境弱性和交通优势度均为合成指标，各指标具体指标体系以及测算方法详见 5.1.2 部分、5.1.3 部分、5.1.4 部分。而城市化率和经济集聚度的主要数据来自《四川省统计年鉴》（2013），其中各指标均为 2012 年测算值。

6.3.3　模型检验及实证结果

根据最终选取因变量和自变量，确定本书的计量模型均采用半对数模型，其中：

（1）一般 OLS 回归模式为

$$\ln(RKJJ)_i = \alpha + \beta_1 \ln(JJJJ)_i + \beta_2 \ln(CSH)_i + \beta_3 JTYS_i + \beta_4 ZRZH_i + \beta_i STCR_i + \varepsilon$$

（2）空间滞后（迟滞 SAR）模型为

$$\ln(RKJJ)_i = \alpha + \rho W \ln(RKJJ)_j + \beta_1 \ln(JJJJ)_i + \beta_2 \ln(CSH)_i + \beta_3 JTYS_i + \beta_4 ZRZH_i + \beta_i STCR_i + \varepsilon$$

（3）空间误差（残差 SEM）模型为

$$\ln(RKJJ)_i = \alpha + \beta_1 \ln(JJJJ)_i + \beta_2 \ln(CSH)_i + \beta_3 JTYS_i + \beta_4 ZRZH_i + \beta_i STCR_i + \lambda W u_j + \varepsilon$$

（4）空间杜宾模型（SDM）为

$$\ln(RKJJ)_i = \alpha + \rho W \ln(RKJJ)_j + \beta_1 \ln(JJJJ)_i + \beta_2 \ln(CSH)_i + \beta_3 JTYS_i + \beta_4 ZRZH_i + \beta_i STCR_i + \gamma_1 W \cdot \ln(JJJJ)_j + \gamma_2 W \cdot \ln(CSH)_j + \gamma_3 W \cdot JTYS_j + \gamma_4 W \cdot ZRZH_j + \gamma_5 W \cdot STCR_j + \varepsilon$$

其中，i 表示研究区域的第 i 个地域单元，本书为 42 个县（市、区）；j 表示与第 i 地域单元相邻的单元，个数为［0-41］个；γ 为自变量空间滞后项的贡献系数，实际意义与式（6-20）中的 β_2 相同，其他系数均与前文公式中的意义相同，这里不再进一步解释。

在空间模型选择上，对于三种不同的空间计量模型，选择的基本依据既有理论上的支撑，也有统计指标检验上的标注。其中，最为普遍的判断标准是 Anselin 和 Florax（1995b）给出的两个基本的统计指标，即拉格朗日检验和稳健的拉格朗日检验。而在实际的判断中，需要分别为滞后模型和误差模型这两类统计指标分解进行计算，具体的判断依据见表 6-12。

表 6-12　空间回归模型选择判断标准

检验统计量	拉格朗日检验	稳健的拉格朗日检验	模型选择
判断标准	LMLAG 较 LMERR 统计显著	R-LMLAG 显著而 R-LMERR 不显著	SAR
判断标准	LMERR 较 LMLAG 统计显著	R-LMERR 显著而 R-LMLAG 不显著	SEM
判断标准	LMERR、LMLAG 无法区分	R-LMERR、R-LMLAG 都显著	SDM

在以上判断标注无法确定的时候，选择空间杜宾模型，针对空间杜宾模型需要进行 Wald 检验，其中 Wald 服从 χ^2 分布。判断的基本依据是 Wald 统计检验的两个基本假设，$H_0^1: \theta = 0$ 和 $H_0^2: \theta + \rho\beta = 0$，其中 H_0^1 用于检验空间杜宾模型能否简化成空间滞后模型，而 H_0^2 用检验杜宾模型能否简化为误差模型，如果 H_0^1、H_0^2 同时被拒绝，就说明杜宾模型更为适合。

变量存在空间相关性是进行空间建模的前提条件，虽然前文对研究区域各县（市、区）人口集聚度的空间相关进行过描述性分析，但是否真正存在空间相关性，还需要进行严格的统计检验。通过对人口集聚（RKJJ）的全域莫兰指数计算，莫兰值为 0.380 5（P<0.001），说明人口集聚存在明显的空间自相关，采用空间计量模型能够更准确地刻画变量之间的关系。同时，为了对比不同模型下的回归结论，我们给出了基于以上模型的具体回归结论，详见表 6-13。

表 6-13　人口集聚度影响因素各模型回归结果

变量名	传统 OLS		空间滞后 LAG	空间误差 SEM	空间杜宾 SDM
	模型一	模型二	模型三	模型四	模型五
Constant	9.805*** (17.974)	7.589*** (3.488)	2.983 (1.029)	7.096*** (4.036)	2.631 (0.926)
Ln(GDP)		0.353*** (2.731)	0.188** (2.367)	0.317*** (2.911)	0.174** (2.351)
Ln(CSH)		−1.038 (−1.619)	−0.452 (−0.718)	−1.101** (−2.173)	−0.351 (−0.589)
LN(JTYS)		1.278*** (3.148)	0.849** (2.067)	1.509*** (4.553)	0.775** (2.211)

表6-13(续)

变量名	传统 OLS		空间滞后 LAG	空间误差 SEM	空间杜宾 SDM
	模型一	模型二	模型三	模型四	模型五
ZRZH	-0.256* (-1.723)	-0.177 (-1.444)	-0.104 (-0.913)	-0.124 (-1.206)	-0.104 (-1.014)
CTCR	-1.149*** (-6.108)	-0.406** (-1.763)	-0.210 (-0.944)	-0.308* (-1.689)	-0.215* (-1.795)
Adjusted-R^2	0.655	0.786	0.781	0.811	0.777
F-statistic	39.922	29.797			
W*dep.va(ρ)			0.552**		0.584**
Spat.aut(γ)				0.416***	-0.385**
Log-L		-40.647			
LMLAG			13.840(0.0002)		
R-LMLAG			3.449(0.0633)		
LMERR			11.096(0.0009)		
R-LMERR			0.705(0.4012)		

注：括号内为对应系数的 t 统计量，*、** 和 *** 分别表示 P<0.1、P<0.5、P<0.01。

6.3.4 结果分析

龙门山断裂带区域作为地震灾害频发地区，地震以及地震次生灾害、其他自然灾害、生态环境脆弱等，成为该区域典型的自然地理特征。这种自然环境势必成为影响人口迁移和分布的重要因素，故本书在未考虑其他因素的情况下，首先分析自然地理环境禀赋条件对人口迁移与分布的影响。随后纳入社会经济禀赋条件，对多维禀赋条件的综合效应进行分析。据表6-12的判断标准及表6-13 LMLAG、R-LMLAG、LMERR、R-LMERR 的结果，空间滞后模型（模型三）更接近理论假设，故本书在重点使用模型三的基础上，同时对其他模型也进行分析。

（1）自然地理环境禀赋对人口集聚的影响

由模型一的回归结论可知，在自变量反映自然地理环境条件的情况下，自然灾害危险度和生态脆弱性对人口集聚的影响均呈现出负向关系，这与理论假设是相一致的。其中，自然灾害的回归系数为-0.256，在10%水平下通过检验；而生态脆弱性的回归系数为-1.149，在1%的水平下显著。从整体上说，自然灾害越频发、生态环境越脆弱的地区，人口集聚程度越低。这与自然地理环境作用于人口分布的一般规律是一致的。但是生态环境脆弱性，不论是回归系数还是显著性水平，均要强于自然灾害危险度。这一现象则说明，自然灾害在影响人口分布与集聚的过程中，其作用是潜移默化的。因为自然灾害除了在大灾难爆发时会对人口迁移分布造成较为直接的影响外，其潜在的灾害风险在短时期内不会经常发生。因此其回归系数显著性要低一些，同时回归系数也比生态环境弱。

生态环境脆弱性相较于自然灾害危险度而言，对人口再分布与迁移流动的作用更为直接和明显。这主要是因为生态环境与人类的日常生产生活联系紧密，同时生态环境对人类活动的影响也较为敏感，因此，其回归系数更为显著、强度更高。

就龙门山断裂带区域的 42 个县（市、区）而言，位于阿坝州的小金县、汶川县、黑水县、理县、茂县以及川南雅安市的高山丘陵区的名山区、石棉县、汉源县等，不仅是自然灾害危险度等级较高的区域，也是生态环境十分脆弱的地区。这种特殊的自然地理环境特征，造就了该区域人口集聚度明显低于其他地理单元，从客观上也论证了自然地理环境要素影响的重要性。相反，成都平原周边的县（市、区）以及各个州市的市中区，往往是人口集聚度高的地区，这不仅与区域自然地理环境条件较为良好有关，更多的是由于该区域社会经济发展程度相较于其他区域，要明显处于优势地位。

将经济集聚度以及城市化率等社会经济指标引入模型二后，自然灾害危险度的回归系数变得不再显著，而且生态脆弱性的显著性水平和回归系数的强度也在下降。这说明在引入社会经济要素后，人口集聚度的影响因素会更多，从而使得各要素的综合作用程度下降。

（2）社会经济发展水平对人口集聚的影响

模型二给出了在 OLS 回归结果下各要素对人口集聚的综合影响。其中，对不同个体单元人口集聚度起主要作用的是经济集聚度和交通优势度，而城市化率未表现出显著性。从具体的回归系数看，经济集聚度的回归系数为 0.353，交通优势度的回顾系数为 1.278，且均在 1% 的水平下显著。其中，经济集聚度的回归系数要弱于交通优势度的回归系数，而城市化率却未显现出显著性。这说明，就该区域而言，影响人口集聚最为重要的是区域经济发展水平的差异和交通的便捷程度。

就经济集聚度所反映的地区社会经济发展水平差异而言，以成都周边为核心的成渝经济圈和各州市行政市中区为核心的经济中心，其经济集聚度要明显高于其他县（市、区）。较高的经济发展水平意味着区域内部不同县（市、区）的工资水平的差异、就业机会以及福利待遇的差异等，这是导致人口向这部分区域集聚的主要原因。

另一个重要的因素是交通优势度。对于龙门山断裂带的绝大多数地区而言，除成都平原极少部分地区地势平坦外，其余均属高原山地和丘陵密布地区，道路交通优势度弱。对于高原山地地区，交通状况将直接影响到人口的流动强度，在交通不便的大山地区，人口不论是迁入还是迁出都会受到影响。

城市化率对区域人口集聚度的影响并未表现出显著性，且回归系数为负值，这与理论假设不一致。城市化水平越高的地区，相较于农村的分散居住模式，人口的集聚程度应该越高。这可能与研究区域整体的城市化水平在不同地域之间的差异性较小及以非农业人口计算的城市化率导致实际城镇人口的偏差有关。尤其是对于流动人口较多的地区，其流入人口实质上是农业人口，从而降低了流入地的城镇人口比例，却提高了流出地的城市化比例。

就龙门山断裂带42个县（市、区）而言，经济集聚度与交通优势度同样呈现出内部的地区差异，与自然灾害危险度和生态脆弱性表现出较为一致的分布规律，经济集聚度与交通优势度在区域西部与南部山区、丘陵表现较差，在区域东北部和成都周边表现较好。这种地域分布上的一致性，使得以广元市中区→绵阳市中区→德阳市中区→成都市→雅安市中区一线以西以北的区域，处于多重弱势叠加的状态，不仅由于自然地理环境较差，而且社会经济发展水平也较差，从而导致该区域在人口密度和人口集聚度上都明显偏低。该区域在国家主体功能区规划上属于被禁止开发和限制开发的区域，主要以生态保护为主，因而在未来的人口规划、灾害避险和人口再分布中，要充分考虑区域的生态承载力、经济承载力和灾害风险系数等级。

（3）空间相关性与地理溢出对人口集聚的影响

当模型三、模型四和模型五分别引入了因变量空间自相关、残差项空间自相关以及同时引入这两者相关性的情况下，各系数的回归结论没有发生实质性改变。其中，在空间滞后模型三中，自然灾害危险度和生态脆弱性变得都不显著；而在空间误差模型四和空间杜宾模型五当中，生态脆弱性的显著性有所下降，但其他因素的关系基本保持一致。另外，模型四中城市化的回归系数表现出显著性。

在此，重点就空间滞后模型结论进行说明。空间滞后模型三表明，在引入因变量空间自相关后，其空间滞后系数 ρ 值为 0.552，且在 1% 的显著性水平下显著。这表明，一个地域单元的人口集聚度，不仅受到其自身的社会经济发展水平的影响，如经济集聚度和交通优势度，同样受到预期相邻区域的经济发展水平和交通状况的影响。但是，自然地理环境的因素，包括自然灾害危险度和生态脆弱性的回归系数，却没有表现出显著性。导致这一现象的原因可能是：其一，社会经济发展水平在不同地域单元之间的相关性要明显强于自然地理环境的因素，如成渝经济圈的辐射范围较广，地域相近的单元在经济往来上要明显频繁；其二，自然地理环境基本上是由长期的自然构造形成，这种地缘之间的关系很难发生实质性的改变，相当于不同地域单元之间的自然地理环境是固定的，短期内是不会变动的。因此，在考虑人口流动以及人口集聚等活动时，还要综合考虑本地及其相邻地区在某些要素条件上的相似性，从而可以在不破坏原有人口居住模式和居住环境的情况下，更合理地进行人口布局。

不仅空间滞后模型三的空间滞后系数 ρ 表现出显著性，模型四的空间误差系数 γ 为 0.416，也在 1% 的水平下通过显著性检验，空间杜宾模型五的这两个系数同样表现出显著性。这说明，人口集聚的空间相关性不仅表现在自身的空间相关性上，还表现在与其相邻地域单元的社会经济因素、自然地理因素，以及模型中未能列出的因素上面。由于本研究受到数据的时间连续性和样本规模的影响，所设计的变量不能全面反映该区域的多维禀赋条件，因而在未来还需进一步深入研究。

小结。本章重点探讨了区域自然地理环境禀赋条件和社会经济禀赋条件对区域人口迁移分布、人口集聚度的影响。自然地理环境条件作为长期客观存在的前置因素，对人口分布与迁移的影响是长期的、潜移默化的，不易发生改变。但是，潜在的自然灾害和大规模的环境污染发生会对人口的再分布带来极为明显的影响。如汶川地震和芦山地震除了造成大量的人员伤亡外，还对不同地域单元内部人口分布状况产生了巨大的影响。灾害（如地震灾害等）发生具有不可预测性，也不是人力所能改变的，因而在自然地理环境状况既定的情况下，对人口迁移与分布影响力、社会经济发展状况及差异的影响力越来越显著。这在经典的人口迁移理论、新经济地理学等相关理论中，都有所论及。

影响人口迁移与流动和再分布的因素，除了上述宏观因素外，是否决定迁移流动、因何迁移流动以及往哪里迁移流动等，最终还需个体做出判断决策，才能将意愿变为实际行为。个体基于一定区域的社会经济发展水平和自然地理环境条件，做出综合的判断与考量，会核算迁移的成本和收益，最后才有实际的迁移流动行为。因此，在分析人口迁移流动与分布时，不仅要从宏观层面考量，还要结合微观个体的迁移流动决策过程进行分析。

7 地震灾害频发地区人口因灾迁移的成本收益分析
——以绵竹市为个案

为进一步全面反映龙门山断裂带地震灾害频发区域人口迁移的现状，从微观个体的实际迁移行为出发，课题组对该区域绵竹市的 4 个村进行了个案研究。绵竹市作为汶川地震重灾区，受灾人口比重极大。由于该市生态环境极其脆弱，在灾后进行了大规模的生态重建和生态移民，因而选取该市的几个村作为个案，对于本书的研究具有微观层面的补充性。在调研过程中，重点选取了绵竹市清平乡湔沟村和金花镇吉祥村作为迁移组，土门镇天宝村与金花镇金山村作为原址重建组（原住居民）进行实地调研。

7.1 调查区域及对象

绵竹市地处四川盆地西北部，位于东经 103°54′~104°20′北纬 30°09′−31°42′。东南部与德阳市中区接壤，东北则与安县相邻，与西南方的什邡市仅一河之隔，西北与阿坝州茂县毗连，属于四川省直管市德阳市代管。全市大致分为山地、平原两大部分。山区河谷陡峭，落差较大。典型的亚热带季风气候，且处于迎风坡，容易爆发山洪泥石流等地质灾害。在"5·12"汶川特大地震中，绵竹市是全国受灾和损失最为严重的地区之一。本次调查根据绵竹市实际受灾情况，选择清平乡、土门镇和金花镇为调研地区。清平乡和金花镇因生态环境脆弱、自身经济发展较为落后，地震后被规划入生态重建区。由于本次调查涉及人口迁移的成本收益分析，被调查对象分为实际异地迁移和原址重建两个部分，见图 7-1。

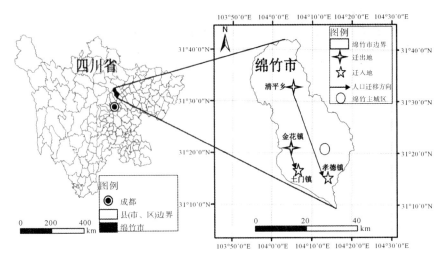

图 7-1   调研区域的区位及人口迁移方向示意图

图片来源：作者根据调研情况绘制。

7.2   调研方案及问卷设计

7.2.1   调研方案

本次调查在确定调查对象后，采用方便抽样的方式，进行对比研究。首先从样本数据分析迁移组与原址重建组样本人口的生活状况，然后将不同组别的样本数据进行对比，进而对汶川地震生态重建区迁移人口的成本与收益进行分析研究。

在具体的调查过程中，主要分为两个部分：第一部分为政府访谈，具体是访员对绵竹市市政府工作人员进行了电话访谈。根据了解到的各乡镇受灾情况及人口迁移状况，随机选取了绵竹市清平乡湔沟村与金花镇吉祥村作为迁移组，土门镇天宝村与金花镇金山村作为原址重建组（原住居民），并对其村委会进行访谈式调查，以期对汶川大地震灾后生态重建区的人口迁移情况有一个总体了解，尽可能多搜集主题相关信息，为本书的问卷设计奠定全面良好的基础。第二部分为问卷调查，获取"绵竹市地震生态重建区迁移人口生活状况调查问卷"的调查数据。本次调查问卷结合文献研究、政府访谈内容和对当地的实际情况考察，主要采用结构式问卷，共分为十个部分。其内容包括汶川地震生态重建区迁移人口生活状况的各个方面。为了加强被访者受访的意愿，在确保提问准确的基础上，尽量以简洁、明了、通俗易懂的方式提问。同时为了保证问卷的代表性，调研人员在村镇及小区内随机发放问卷。

调研方案的实施时间是在 2014 年暑期，依托"地震灾害频发地区的人口迁移与分布问题研究"课题组，对绵竹市的 4 个村进行了实地调研。调查组负责人及指导老师 3 人，调查员共 13 人，主要是人口学、社会学和人口、资源与环境经济学硕士生、博士生，其中调查具体时间为 2014 年 7 月 19 日到 7 月 25 日。

7.2.2 问卷设计

本次调查问卷的设计主要囊括迁移人口迁出前、迁出后的基本生活信息，对迁移的满意度评价，迁移前和迁移后的成本收益的"资产"状况等。问卷设计采用结构式问卷，具体包括十个部分的内容，具体问卷见附录。

第一部分：导语部分。导语一般是为了明确调研的目的、调查者的组织单位等基本信息，放在页首方便被调查者阅读。

第二部分：调查对象的基本情况。具体包括性别、出生年月、学历、社保和资金来源、医保及其资金来源、政治面貌、婚姻状况、家庭人口数与搬迁时间。

第三部分：调查对象的住房情况。具体分为 2007 年地震前与 2014 年迁移后两组，分别包括住房建筑面积、宅基地面积、房屋结构、房产价值、住房资金来源、住房满意度。

第四部分：调查对象的土地情况。具体分为 2007 年地震前与 2014 年迁移后两组，分别包括耕地面积、林地面积（经济林面积和生态林面积）、塘堰面积和土地总面积。

第五部分：调查对象的个人就业情况。具体分为 2007 年地震前、2009 年地震后第一年、2014 年迁移后三组，分别包括三个年份是否有就业、就业类型、就业地点、就业渠道、政府是否提供就业培训、个人是否参加就业培训、每年的就业时长、个人对就业时间和就业收入的满意程度等。

第六部分：调查对象的个人收入开支及存贷款情况。具体分为 2007 年地震前，2009 年地震后第一年，2014 年迁移后三组，包括种植业收入、养殖业收入、林业收入、劳务收入、个体经营收入、资产性收入、政府现金补助、地震后政府给予的灾后补贴及搬迁补贴总额、生活支出、生产性支出、教育支出、医疗支出、休闲娱乐支出、存贷款金额等。

第七部分：调查对象的居住生活条件及环境。具体分为 2007 年地震前与 2014 年迁移后两组，包括污水处理方式、垃圾处理方式、饮用水源、厕所类型。

第八部分：调查对象对公共服务的评价与比较。具体分为 2007 年地震前与 2014 年迁移后两组，对居住地的交通、医疗、学生求学、水电、治安状况方便程度进行判断等。

第九部分：调查对象的社会适应及心理适应。具体包括社会网络和社会关系、与当地居民的熟悉程度、当地人对待移民的态度、政府对移民的关注程度等。原址重建组（原住居民）问卷中删除社会网络和社会关系、当地人对移民态度等问题。

第十部分：调查对象对居住环境、收入及政府投入方面的建议。

通过参考相关的研究成果，结合汶川地震生态重建区绵竹市的具体情况，提取需要的调查指标，分别使用填空与选择的方式进行填写。

7.2.3 问卷信度、效度检验

（1）信度检验

信度指的是测量结果的一致性（consistency）或稳定性（stability），即研究者对于相同或相似的现象（或群体）进行不同的测量（不同形式的或者不同时间的），其所得到结果的一致性的程度。可以通过信度分析检验该调查问卷能否比较稳定地测量到所有事项及稳定的程度，简单说来就是指测量数据和结论的可靠性程度。信度系数越大，所测数据及结果的可信程度越高。由于我们的测量工具（本研究的调查问卷）和测量的时点均相同，故采用内部一致性信度，alpha（∂）系数就是衡量内部一致性的一种方法。其计算公式为

$$\partial = \left(\frac{\kappa}{k-1} \right) \left(\frac{s_y^2 - \sum s_i^2}{s_y^2} \right)$$

式中，k 表示项目的个数；s_y^2 表示观察值的方差；$\sum s_i^2$ 表示每一个项目的方差的总和。其中，当 alpha（∂）系数的值 $\partial > 0.5$ 时，表示信度较好，可以接受；当 alpha（∂）系数的值 $\partial > 0.8$ 时，表示非常可信。

通过 STAT12.0 软件对问卷总体进行信度分析，其整体 alpha（∂）系数为0.580 3，故问卷整体的信度达到了基本要求，可靠性较好。

（2）效度检验

效度（validity）是指测量工具能够正确测量出所要测量的特质的程度，分为内容效度（content validity）、效标效度（criterion validity）和架构效度（const ruct validity）三个主要类型。在实际操作的过程中，前面两种效度（内容效度和效标效度）往往要求专家定性研究或具有公认的效标测量，因而难以实现。而架构效度由于方便操作化，故较多被采用。

架构效度是指问卷对理论上的期望特征的衡量程度，即问卷所要测量的概念能显示出科学的意义并符合理论上的设想。它是通过与理论假设比较来检验的，因此，也被称为理论有效度。分析评价调查问卷架构效度常用的统计方法是因子分析，目的是了解属于相同概念的不同问卷项目，是否如理论预测那样集中在同一公共因子里。而使用因子分析法判断架构效度的标准有三个：①公共因子应与问卷设计时理论假设的概念组成相符，且公共因子的累积方差贡献率至少在50%以上。②每个问卷项目都应在其中一个公共因子上有较高负荷值（大于0.4），而对其他公共因子的负荷值则较低。如果一个问卷项目在所有的因子上负荷值均较低，说明其反映的意义不明确，应予以改变或删除。③公共因子方差均应大于0.4，该指标表示每个问卷项目的40%以上的方差都可以用公共因子解释，即架构效度有效。

使用STAT12.0软件对问卷中各变量的架构效度分析，分析结果见表7-1。从最后一列公共因子方差值可以看出，除了$D1$（性别）的架构效度小于0.4外，其余变量的架构效度指均大于0.4。这表明各变量之间的区别性较强，能够正确测量出所要测量的特质。

表 7-1　问卷架构效度检验

变量	公因子1	公因子2	公因子方差
Income07（2007年收入）	0.584 1	−0.373 7	0.519 1
Income14（2014年收入）	0.614 2	−0.323 4	0.518 2
Exp07（2007年支出）	0.429 9	−0.523 2	0.541 4
Exp14（2014年支出）	−0.119 8	−0.523 3	0.921 5
X9（迁移组：受教育年限）	0.585 2	−0.358 5	0.529 0
X10（年龄）	−0.259 9	0.516 8	0.667 5
X11（家庭人口数）	−0.259 4	0.222 6	0.883 1
X12（生活条件方便度）	−0.263 9	0.448 3	0.729 4
X13（与搬迁前社会关系的联系频度）	0.026 1	0.385 2	0.851 0
X14（对当地人的熟悉度）	0.155 8	0.282 8	0.895 8
X15（政府关心度）	0.001 8	0.152 7	0.976 7
$D1$（性别）	0.767 9	0.477 7	0.182 1
$D2$（政治面貌）	0.039 3	0.176 8	0.967 2
$D3$（是否购买养老保险）	0.548 3	−0.113 0	0.686 6
$D4$（是否参加医保）	0.223 3	0.176 8	0.967 2

7.3 基本调查情况

7.3.1 问卷发放与回收情况

实际调查发放问卷150份，其中收回135份，回收率为90%；对其中的部分填写不完善的问卷剔除后，有效问卷为130份，有效率为96.29%。对这130份问卷进行统计，通过Excel汇总整理，并做成图表，形象地对调查数据做了描述与显示。

7.3.2 灾后人口迁移模式

（1）清平乡湔沟村人口迁移模式

湔沟村11组村民地震后居住在王家坪，地震造成原居住地背后山体裂缝，坡足移位，山体崩塌特别严重。根据专家建议，该地点再也不宜建房居住，需重新选址建房，而村民不愿分散居住，要求集中安置。于是，湔沟村11组整体将53户182人，选址在绵竹市孝德镇新城建永久住房，房屋由集体统一规划修建后按成本价出售给村民。仍取名为"王家坪小区"，户籍及行政隶属仍和搬迁前相同，与当地的行政保持独立。村民人均住房面积约为35平方米。

（2）金花镇吉祥村人口迁移模式

金花镇吉祥村位于绵竹山区，地势险要，地震对房屋等破坏较大。地震后，原址不宜再建房居住，需重新选址建房。金花镇政府经过向绵竹市委、市政府报告，与邻近的土门镇沟通后，在土门镇天宝村购买一块地皮用于吉祥村灾后重建，吉祥村整体迁移到土门镇天宝村指定地块，村民在统一的规划下自己修建房屋。迁移后，村名仍叫吉祥村，行政上仍隶属于金花镇。由于地皮有限，地震住房面积的分配为1人户60平方米、2人户82平方米、3人户120平方米、4人户以上150平方米。

（3）迁移模式评价

清平乡和金花镇的迁移人口都属于整体就近迁居，迁移后还是和原来的熟人邻居居住在一起，这有助于降低移民的心理成本，减少迁移的社会不适应性。两个乡镇都对迁移后的重建进行统一规划，统一分配住房面积，这有助于居住环境的改善和新农村的建设。但该种模式也存在一定弊端。首先，迁移后移民只得到了住房面积的分配，并没有土地的分配，相比于迁移前自己种菜、养猪，迁移后的生活成本增加了不少；其次，迁移后很大一部分人会乘车回到原居住地单位上班或者务农，这必然增加了他们的劳动成本。

7.4 人口迁移前后的基本情况对比分析

人口因灾迁移是汶川地震所带来的一种被迫迁移，很多原住地的居民房屋遭到极大破坏，被迫移居他地。本部分主要对受访的迁移人口在因灾迁移前后的住房、土地、就业与收支进行分析。同时，为了对迁移人口成本收益分析中所选取的参照对象——非迁移人口做一铺垫，从而选取原址重建组进行对比，以此理清地震前后调研区域受灾人口在住房和土地等方面的变化以及地震对迁移人口、非迁移人口就业与收支的具体影响。

7.4.1 人口迁移前后住房情况对比

（1）人口迁移组迁移前后住房面积对比

调研地区在 2008 年的汶川大地震中大量住宅倒塌，居民现有住房是通过政府补贴、自有资金、借贷（包括政府提供的贷款）重建而来。重建后，房屋面积出现了较大差异，具体数据见表 7-2。

表 7-2　人口迁移前后人均住房面积对比　　　　　单位：m²

年份	迁移组	原址重建组	平均值
2007	132.3	185.1	158.7
2014	109.5	109.1	109.3

在 2007 年，即地震前迁移组住房面积有 132.3m²，震后重建，到 2014 年，住房面积相对震前有所减少，有 109.5m²。而原址重建组在重建后面积分别有 185.1m²、109.1m²。总体来说，震前居民平均住房面积都较大，有 158.7m²，震后重建按一致标准，两组面积一样，平均有 109.3m²。

尽管住房面积减少，但分析问卷数据可以看出，重建前居民住宅以土房、木房及砖瓦房为主，吉祥村仅有一户人是混凝土结构住宅，相对来说王家坪小区混凝土结构较多，但都是在 20 世纪 80 年代修建，实际质量也较差。在原地重建的天宝村和金山村也存在类似情况，房屋修建时间早，同时缺少维护。

（2）人口迁移组迁移前后住房满意度对比

迁移组和原址重建组在地震前后住房建筑总体情况结构一致。实际数据显示，对房屋居住环境的满意度基本没有组间差距，故在满意度对比中，只比较 2007 年和 2014 的总体调研居民对住房的满意程度。

由图 7-2 可知，2007 年对住房环境非常满意、比较满意的总共有 52 户，占 51.4%，其中非常满意、比较满意的分别有 12 户、42 户，分别占 11.4%、

40%。而一般、不太满意、非常不满意的则分别有 29 户、18 户、4 户，分别占 27.6%、17.1%、3.8%。2014 年，对住房环境非常满意、比较满意的分别有 24 户、59 户，占比由 2007 年的 51.4 提升至 79.1%，一般、不太满意和非常不满意的总共占 21%，分别有 14 户、5 户和 3 户。对比两组数据，可以看出政府主导的灾后迁移和重建给居民提供了舒适的住宅环境。

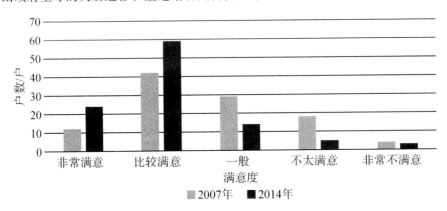

图 7-2　2007 和 2014 年住房满意度

总体来说，根据实地调研情况，尽管人均住房面积在 2014 年相对于 2007 年减小不少，但是根据问卷实际反馈情况，新房重建后群众总体认为居住质量较以往有了很大提高。

7.4.2　人口迁移前后土地情况对比

（1）人口迁移组迁移前后土地面积对比

2007 年迁移组的人均土地面积为 2.35 亩，2014 年人均土地面积降至 1.42 亩，相对震前减少了约 40%（见表 7-3）。其中，王家坪小区在未迁移前主要以磷矿开采为主，仅有少量土地种植农作物，人均土地面积为 0.58 亩，吉祥村一直都以土地种植为主要经济来源之一，人均土地面积为 4.11。震后政府一方面进行退耕还林，另一方面实施迁移。2014 年，王家坪小区人均土地面积为 0.08 亩，吉祥村减少至 2.76 亩。

表 7-3　人口迁移前后土地面积对比　　　　　　　　单位：亩

年份	王家坪小区	吉祥村	平均值
2007	0.58	4.11	2.35
2014	0.08	2.76	1.42

注：土地是指耕地、生态林、经济林、塘堰。

（2）原址重建组重建前后土地面积对比

地震前，原址重建组人均土地面积为 1.5 亩，而 2014 年，人均土地面积仅为 0.75 亩（见表7-4）。其中，天宝村在 2007 年人均拥有 1.09 亩土地，震后少部分退耕还林，大部分出租给农产品公司种植玫瑰，2014 年人均仅有 0.4 亩土地。金山村从 2007 年的 1.9 亩减少到 2014 年的 1.1 亩，部分土地在地震中直接被破坏，还有部分土地是灾后重建中转变为建设用地的。

表 7-4　原址重建组土地面积对比　　　　　单位：亩

年份	天宝村	金山村	平均值
2007 年	1.09	1.90	1.50
2014 年	0.40	1.10	0.75

（3）迁移人口组和原址重建组土地面积总体情况对比

通过以上分析可以看出，迁移人口组人均土地面积要多于原址重建组。震前前者有 2.35 亩，后者有 1.50 亩；震后，前者降至人均 1.42 亩，后者降至人均 0.75 亩。尽管迁移组人均土地较多，但多为林地，能够带来的收入较少。受地震的影响，迁移组和原址重建组土地均有较大程度的损失，前者震后人均减少了 0.93 亩，后者减少了 0.75 亩，仅有 2007 年的一半。

7.4.3　人口迁移前后就业情况对比

排除调查对象从劳动年龄进入非劳动年龄及地震使得一部分人失去劳动能力的影响，地震前后的就业率几乎没有太大变化。人口迁移前后的就业情况的变化主要体现在就业类型、工作时间、就业收入等方面。

（1）人口迁移前后整体就业情况对比

从就业类型看，因地震迁移前后就业类型变化比较明显，如图 7-3 所示，务农人员比例从地震前的 51% 下降到地震后的 24%，外出务工比例从地震前的 37% 上升到地震后的 53%，从事个体工商经营的比例从地震前的 9% 上升到地震后的 19%，相当一部分务农人员转为务工或者从事个体经营。

从工作时间看，也发生了一些变化，如图 7-4 所示，平均每年工作月数从迁移前的 7.84 个月上升到迁移后的 9.61 个月，每月工作天数从迁移前的 29 天下降到迁移后的 26 天，每天工作时间变化不大。

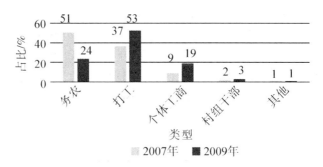

图 7-3　人口迁移前后就业类型变化情况

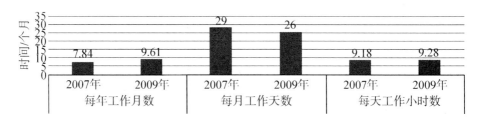

图 7-4　人口迁移前后工作时间变化情况

从就业收入满意度来看，灾民对就业收入的总体满意度呈上升趋势。如图
7-5 所示，地震后对就业收入不太满意或者感觉一般的人的比例明显下降，而
对就业收入感觉满意的人的比例显著上升。

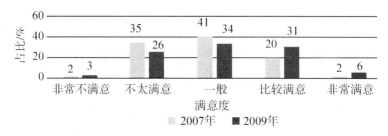

图 7-5　人口迁移前后就业收入满意度变化情况

（2）人口迁移组与原址重建组就业情况对比

地震后，迁移组和原址重建组的就业类型都发生了较大的变化。如表 7-5
所示，迁移组和原址重建组的务农人员比例都减少了一半左右，这可能是由于
地震导致部分农田损毁，一部分灾民迁移到新居住地后没有土地的分配，房屋
重建后欠下债务需外出务工挣钱偿还等原因造成。减少的务农人员，多半转为
外出打工，少数改为从事个体经营。

表 7-5 迁移组与原址重建组就业类型变化情况　　　　　单位:%

	务农		打工		个体工商		村组干部		其他	
	迁移	原址重建	迁移	原址重建	迁移	原址重建	迁移	原址重建	迁移	原址重建
2007 年	44	56	50	34	2	7	2	3	2	0
2009 年	23	23	69	55	4	17	2	5	2	0

地震使得迁移组和原址重建组人口的工作时间也发生了一定变化。如表 7-6 所示,迁移组每年平均工作月数从 7.84 个月增加为 9.96 个月,而原址重建组的每年平均工作月数从 7.89 个月减少为 7.26 个月。这可能是由于迁移组搬迁后,政府为迁移人口提供了各种就业培训和就业机会,使得迁移人口每年平均工作月数增加。两个组的平均每月工作天数和每天工作小时数都比地震前减少,这可能是由就业类型的变化而引起的。

表 7-6 迁移组与原址重建组工作时间变化情况

	每年工作月数		每月工作天数		每天工作小时数	
	迁移	原址重建	迁移	原址重建	迁移	原址重建
2007 年	7.84	7.89	29	26.45	8.95	9.18
2009 年	9.96	7.26	24	22.56	7.63	8.24

地震后,迁移组和原址重建组人口对就业收入满意度都较地震前有较大提升,如表 7-7 所示。迁移组对就业收入不太满意的比例从 37% 下降为 15%,对收入比较满意或非常满意的比例从 26% 上升到 43%;原址重建组对就业收入满意度一般的比例从 45% 降为 28%,对就业收入满意或者比较满意的比例从 18% 上升为 34%。这种对就业收入满意度的大幅度提升,可能是因为地震后大多数人从务农转为务工或个体经营,政府也提供了一些就业培训和就业机会,使得他们的就业收入增加,从而满意度增加。

表 7-7 迁移组与原址重建组就业收入满意度变化情况　　　　　单位:%

	非常不满意		不太满意		一般		比较满意		非常满意	
	迁移	原址重建	迁移	原址重建	迁移	原址重建	迁移	原址重建	迁移	原址重建
2007 年	0	3	37	34	37	45	22	18	4	0
2009 年	0	5	15	33	42	28	35	29	8	5

7.4.4 人口迁移前后收入情况对比

（1）人口迁移组迁移前后收入比较

本书对问卷中迁移组的收入情况数据进行处理，得到图7-6。如图7-6所示，在2007年（地震前）迁移组种植业收入是0.09万元，而2009年（地震后）此收入减少为0元；同样可看出，养殖业收入从2007年的0.06万元下降到0.01万元；但林业收入从0.11万元增加到0.13万元，劳务收入与个体经营收入分别从0.67万和0元分别增加至0.78万元和0.01万元。由此可以看出，地震使迁移组的收入来源产生了变化，种植业和养殖业收入减少，林业、劳务以及个体经营收入增加。种植业、养殖业与劳务收入的变化量较大，变化量分别为-0.09万元、-0.05万元、0.11万元，其中种植业收入下降得最多，劳务收入这部分的增加最为明显。分析其原因，迁移组所在地由于2008年汶川大地震，耕地、鱼塘等受地震损坏较为严重，从而导致种植业收入和养殖业收入的降低，而震后部分居民就地参与灾后重建，还有部分居民外出务工，从而劳务收入有所提高。同时，在灾后重建中的生活消费需求较地震前更大，致使人均个体经营收入从2007年的0万元增加至0.01万元。

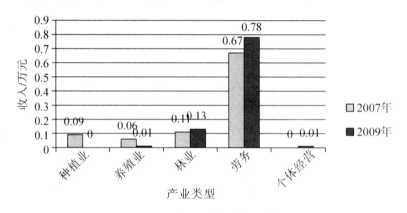

图7-6 人口迁移组收入比较

（2）原址重建组重建前后收入比较

通过对问卷中原址重建组的收入情况数据进行处理，得到图7-7。如图7-7所示，在2007年（地震前）原址原建组种植业收入是0.09万元，而2009年（地震后）此收入减少为0.03元；同样可看出，养殖业收入从2007年的0.08万元下降到0.02万元；但林业收入相对稳定，均为0.01万元；劳务收入与个体经营收入分别从0.54万元和0.21万元分别增加至0.66万元和0.48万元。由此可以看出，地震使原址重建组的收入来源同样发生变化，种植业和养殖业收入减少，劳务以及个体经营收入增加。种植业、养殖业、劳务收入与个体经营收入的变化量较大，变化量分别为-0.06万元、-0.06万元、0.12万元、0.27万元，其中种植业与养殖业下降的最多，个体经营收入的增加最为明显。这说明原地重建组的耕地、鱼塘等受地震损坏同样较严重，但仍保有部分耕地、鱼塘等，震后更多居民通过就地参与灾后重建、选择外出务工以及开小卖部进行个体经营等方式来获得收入。

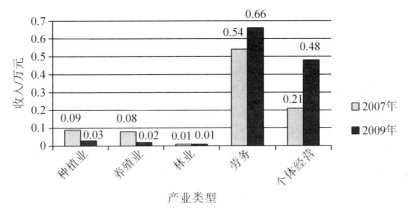

图 7-7　重建组收入对比

7.4.5　人口迁移前后支出情况对比

（1）人口迁移前后迁移组支出比较

通过对问卷中迁移组的支出情况数据进行处理，得到图 7-8。如图 7-8 所示，在 2007 年（地震前）迁移组生活支出是 0.7 万元，而 2009 年（地震后）此支出增长到 0.8 万元；而生产支出保持不变。同样可看出，教育支出从 2007 年的 0.34 万元下降到 0.14 万元，医疗支出从 0.13 万元降至 0.12 万元，休闲娱乐支出从 0.11 万元减少到 0.1 万元。生活支出与教育支出的变化量较大，变化量分别为 0.1 万元、0.2 万元，其中教育支出下降的最多。这说明震后外迁组生活成本、教育成本增加明显，以至于这部分支出较大，同时由于受地震影响，休闲娱乐活动减少，以至于这类支出费用减少明显。

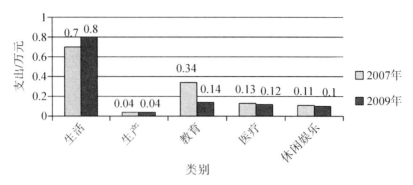

图 7-8 迁移组地震前后支出比较

（2）原址重建组重建前后支出比较

通过对问卷中原地重建组的支出情况数据进行处理，得到图 7-9。如图 7-9 所示，在 2007 年（地震前）原址重建组生活支出是 0.69 万元，而 2009 年（地震后）此支出增长到 0.77 万元；而生产支出与医疗支出由 0.05 万元和 0.07 万元分别增至 0.13 万元与 0.22 万元；同样可看出，教育支出从 2007 年的 0.2 万元下降到 0.15 万元，休闲娱乐支出从 0.05 万元减少到 0.4 万元。医疗支出、生活支出、教育支出的变化量较大，变化量分别为 0.15 万元、0.08 万元与 0.08 万元，其中医疗支出下降得最多。这说明地震破坏力较大，财产与人员受损严重，使得原地重建组生活成本、医疗以及教育成本增加明显，因而这部分支出较大；同时，受地震影响，休闲娱乐活动减少，从而这部分支出费用减少明显。

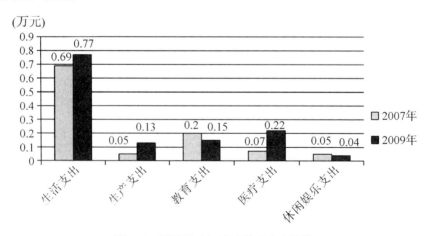

图 7-9 原地重建组重建前后支出比较

7.5 人口迁移的非货币成本收益分析

人口迁移的非货币成本与收益，是指在人口迁移过程中及迁移到目的地之后，移民所付出的或所获得的难以用货币来加以衡量的各种代价或者好处。它更多的是移民心理上的一种主观评价。非货币成本主要包括社会网络缺失、社会关系被削弱、背井离乡的不安全感、思乡情绪、受到当地居民歧视、难以适应当地的生产方式及生活习惯等。非货币收入主要包括生活环境及居住条件的改善、公共服务基础设施的提升、生活便利性的增加等。

7.5.1 人口迁移的非货币成本收益理论模型构建

非货币成本与非货币收益难以用货币来衡量和测算，其更多地体现为移民主观上的评价，评价主体不同，情况也会各异。同一项指标对一些人来说是收益，但在另外一部分人看来则可能是成本。因此，在对人口迁移的非货币成本与收益进行分析时，将移民对迁移过程及迁移后的各项指标的满意度或者方便程度划分为"非常不满意/方便""不太满意/方便""一般""比较满意/方便""非常满意/方便"五个等级，并分别赋值为1分，2分，3分，4分，5分。同时将该项指标地震前后的所有样本的值进行比较做差，然后取平均数，若平均数大于0，则说明该项指标整体来看给迁移人口带来了收益，可作为评价非货币收益的指标，若平均数小于0，则说明该项指标是迁移人口的一种成本，可作为评价非货币成本的指标。在具体操作时要分下面三种情况进行处理：

（1）若调查对象对某项指标的迁移前后的情况都进行了评价，即该项指标迁移前后都可以直接被赋值，则直接对该指标的迁移前后的值做差，并求其平均数。

（2）若某指标用于表示迁移后比迁移前绝对减少量，如迁移后社会关系削弱程度，迁移人口只用对迁移后的情况作评价。此时，设迁移前的值为5，用迁移后的赋值减去5，再求其平均数。

（3）若某指标用来表示与预期的比较，如迁移后你对政府的各项服务评价如何。此时，假设移民对各项指标的预期为"比较满意/方便"，即预期的值为4。然后用迁移后的值减去4，求其平均数。

确定非货币成本收益的评价指标之后，可以计算出每个迁移人口的非货币成本与非货币收益。计算出迁移人口的非货币成本和非货币收入之后，就可以根据公式"非货币净收益=非货币收益-非货币成本"计算迁移人口的非货币净收益。

7.5.2 人口迁移的非货币成本收益实证分析

（1）非货币成本收益评价指标的确定

经过大量查阅文献和到实地进行预调查，本书最终选取了迁移前后的交通、医疗服务、学生求学、水电使用及治安状况做对比，选取迁移后社会关系变化情况、与当地人交往情况、当地人态度、政府关心程度等几个指标，并让迁移人口对它们进行主观评价。这几个指标非常具有代表性，能够充分反映迁移后的心理成本、社会适应成本、基础设施改善等带来的收益及公共服务升级带来的收益等一系列非货币成本与收益。但哪些指标可具体用来作为评价非货币收益的指标，哪些指标可用来作为评价非货币成本的指标，则有待进一步分析。

对迁移组的56份问卷进行分析，将他们对迁移后的各项指标的评价进行赋值。并将不同类型的指标根据上面介绍的三种不同的方法做差，求平均值得出的结果如表7-8所示。

表7-8　按照指标核算的净收益

指标	交通便利程度	医疗便利程度	求学便利程度	水电便利程度	治安满意程度	社会关系削弱程度	与当地人熟悉程度	当地居民态度	政府关心程度
净收益	2.13	1.55	1.82	1.09	−0.05	−0.39	−0.98	−0.36	−0.71

由表7-8可知，迁移后治安状况、社会关系削弱程度、与当地人交往情况以及当地居民的态度和政府的关心程度这五个指标做差后的平均值为负。这说明整体来看，这几个方面的指标是迁移人口的一种成本。但由于对治安的满意程度做差后的值很小，故将其忽略。只将社会关系削弱程度、与当地人交往情况以及当地居民的态度和政府的关心程度确定为评价人口迁移非货币成本的指标。而人口迁移在交通、医疗、求学、水电使用四个指标做差后的平均值为正，说明整体来看，这四个方面的指标给迁移人口带来了收益。因此，将其确定为评价迁移非货币收益的指标。

（2）迁移后非货币成本分析

从上文的分析可知，评价成本的指标有社会关系削弱程度、与当地人交往情况以及当地居民的态度和政府的关心程度四个。清平乡和金花镇的人口迁移都属于整体近迁，迁移后还是和原来的邻居住在一起，与当地人在生产方式、生活习惯上并没有太大差别。因此，在社会关系被削弱、生活不适应等方面并没有体现出太大的成本，只是可能需要一个漫长的过程融入当地人的社会生活中。

从社会关系削弱程度看，如图 7-10 所示，有 70%的人没有感觉到社会关系被削弱，有 30%的人感觉到社会关系有一点被削弱或者一般，没有人感觉到社会关系被严重削弱。根据上文模型中的方法对该指标赋值做差后，求得平均数为-0.39，说明迁移人口在社会关系被削弱这个指标上付出的成本为 0.39，也可理解为迁移人口的社会关系平均被削弱了 0.39 个等级。

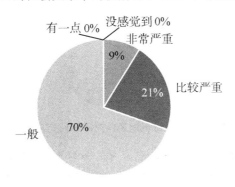

图 7-10　移民对社会关系被削弱程度的评价

从与当地人的交往情况来看，如图 7-11 所示，只有 42%的人熟悉较多当地人或者与当地人基本都熟悉，有 27%的人几乎不熟悉当地居民。说明迁移人口在融入当地居民社会生活上存在一定社会融入成本。根据上文模型中的方法对该指标赋值做差后，求得平均数为-0.98。说明迁移人口在与当地居民交往时付出的成本为 0.98，也可理解为迁移人口与当地居民交往情况平均比预期低 0.98 个等级。

图 7-11　移民对与当地居民熟悉程度的评价

从当地居民的态度来看，如图 7-12 所示，有近 60%的移民认为当地居民对他们比较热情或非常热情，有 37%的人认为当地居民态度一般，只有 4%的人认为当地居民态度冷漠。这说明，当地居民大多较为热情，只有少部分态度较为冷漠，因此，迁移人口在这个指标上付出的成本较小。根据上文模型中的方法对该指标赋值做差后，求得平均数为-0.36。说明迁移人口在迁移后付出的社会歧视成本为0.36。也可理解为，迁移人口认为当地居民的态度平均比预期低0.36个等级。

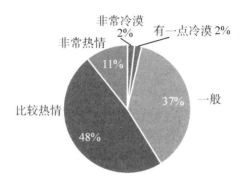

图7-12　移民对当地居民对待移民态度的评价

从政府关心程度来看，如图7-13所示，只有不到一半的人认为政府对他们比较关心或非常关心。有27%的人认为关心程度不够，有25%的人认为一般，因此迁移人口在该项指标上付出了一定成本。根据上文模型中的方法对该指标赋值做差后，求得平均数为-0.71。这说明迁移人口迁移后在该指标上付出的成本为0.71，也可理解为迁移人口认为政府的关心程度平均比预期低0.71个等级。

图7-13　移民对政府关心程度的评价

（3）灾后非货币收益分析

在非货币收益方面，评价收益的指标有交通便利程度、医疗便利程度、求学便利程度、水电使用便利程度。在地震前，迁移人口都居住在山区，看病、上学、购物等都要走相当远的距离，相当不方便。用水方面多数人也用的是井水，也不是很方便。而迁移到邻近的平原小镇之后，交通变得四通八达，看病、上学、购物也变得容易多了，用上了自来水，垃圾、污水也统一处理。因此，迁移后交通、医疗、求学、水电使用等方面给移民带来的收益是相当高的。

从交通便利程度来看，如图 7-14 所示，认为交通比较方便或非常方便的从迁移前的 9 人增加到迁移后的 51 人；认为交通不方便的从迁移前的 44 人减少到迁移后的 1 人。这说明迁移后，移民在交通便利方面获得的收益是非常大的。根据上文模型中的方法对该指标赋值做差后，求得平均数为 2.13。这说明迁移人口迁移后在该指标上获得的收益为 2.13，也可理解为迁移人口认为迁移后交通便利程度比迁移前提高了 2.13 个等级。

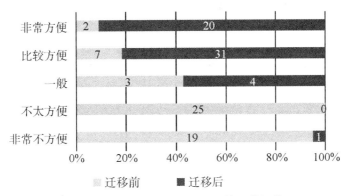

图 7-14 移民对迁移前后交通情况的评价

从医疗便利程度来看，移民迁移到新居住地后，也比迁移前得到了较大的改观。如图 7-15 所示，认为医疗服务方便的从迁移前的 11 人增加到迁移后的 45 人；认为医疗服务不方便的从迁移前的 33 人减少为迁移后的 5 人。这说明迁移后移民在医疗服务便利方面获得的收益是非常大的。根据上文模型中的方法对该指标赋值做差后，求得平均数为 1.55。这说明迁移人口迁移后在该指标上获得的收益为 1.55，也可理解为迁移人口认为迁移后医疗服务便利程度比迁移前提高了 1.55 个等级。

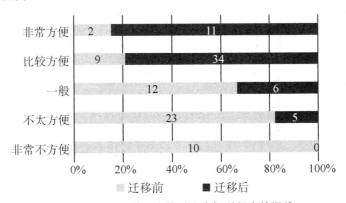

图 7-15 移民对迁移前后医疗便利程度的评价

从学生求学方面来看，迁移后学生求学的便利性比迁移前也大为提升。如图7-16所示，认为求学方便的从迁移前的10人增加到迁移后的46人；认为求学不方便的从迁移前的37人减少为迁移后的4人。可知，移民迁移后在学生求学方面获得的收益是比较大的。根据上文模型中的方法对该指标赋值做差后，求得平均数为1.82。这说明迁移人口迁移后在该指标上获得的收益为1.82，也可理解为迁移人口认为迁移后学生求学的便利程度比迁移前提高了1.82个等级。

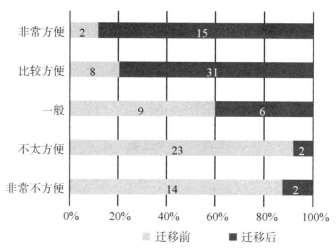

图7-16 迁移前后求学便利程度的评价

从水电使用的便利情况来看，如图7-17所示，迁移前对水电使用情况的评价情况比较均匀，迁移后，样本中除了1人觉得水电使用不方便外，其他人都认为水电使用比较方便。这说明，迁移人口在水电使用的便利上得到的收益较大。根据上文模型中的方法对该指标赋值做差后，求得平均数为1.09。这说明迁移人口迁移后在该指标上获得的收益为1.09，也可理解为迁移人口认为迁移后水电使用的便利程度比迁移前提高了1.09个等级。

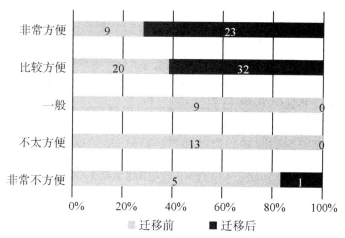

图 7-17　迁移前后水电使用便利程度的评价

（4）人口迁移的非货币净收益计算及分析

在上面的分析中，已经确定非货币成本指标为社会关系削弱程度、与当地人交往情况以及当地居民的态度和政府的关心程度，非货币收益指标为交通便利程度、医疗便利程度、求学便利程度、水电使用便利程度。根据非货币成本指标求出每个移民在每个指标的成本，然后取平均值，即为该移民的平均非货币成本。根据非货币收益指标求出每个移民在每个指标的收益，然后取平均值，即为该移民的平均非货币收益。图 7-18 为 56 个样本的非货币成本与非货币收益的散点图，可以看出，非货币收益明显大于非货币成本。

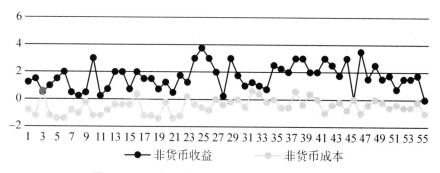

图 7-18　迁移组非货币成本与非货币收益的对比

根据上文模型的设定，非货币净收益=非货币收益-非货币成本，根据此公式可计算出每个迁移人口的非货币收益。如图 7-19 所示，在 56 个样本中，有 9 个样本的净收益为负，占总样本的 16% 左右。1 个样本的净收益为 0，占总样本的 2% 左右。46 个样本的净收益为正，占总样本的 82% 左右。

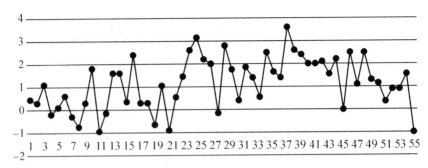

图 7-19　迁移人口非货币净收益

将每个人的净收益求平均值为 1.15，即绵竹市人口迁移的非货币平均净收益为 1.15，也可以理解为绵竹市迁移人口对迁移后生活的非货币指标的综合评价比迁移前平均提高了 1.15 个等级。

7.6　人口迁移的货币成本收益分析

7.6.1　人口迁移的货币成本收益理论模型构建

假定迁移组净收入 MNI，迁移组货币收益为 TMI，原住组货币收益是 TOI，迁移组货币成本 TMC，原住组货币成本 TOC。在不考虑非货币收益的情况下，迁移组居民的净收益为

$$MNI = (TMI - TOI) - (TMC - TOC)$$

2007 年和 2009 年迁移组，居民受到汶川地震的影响，货币成本和货币收益数据指标变化较大，不符合正常情况下收入支出的实际值平滑变化的趋势，直接使用 2007 年或 2009 年数据会出现数据异常。由于原址重建居民一直生活在当地，收入结构和生活习惯变化不会很大，故本书选取 2014 年原址重建组的货币收入（TOI）和货币成本（TOC）的人均值作为对照组，计算迁移组居民的净收益。

当 MNI > 0 时，说明迁移组居民在新的居住地较好地融入了当地生活，在新的环境下找到了维持生活的合理收入来源。在一定程度上，MNI 越大，迁移居民生活境况越好。

7.6.2　人口迁移的货币成本收益实证分析

（1）货币成本收益评价指标的确定

按照调研地区实际情况，问卷针对受灾人群的特点，将货币成本收益分为

以下 2 个大类和 10 类细分指标，如表 7-9 所示。货币成本主要由 2014 年生活成本、劳务成本构成，生活成本包括生活支出、教育支出、医疗支出、休闲娱乐支出等现金支出，劳务成本主要是迁移组居民需要坐车返回原地务农或打工的支出。货币收益由务农收入、劳务收入、个体经营收入组成，种植业收入、养殖业收入、林业收入均加总算入务农收入。

表 7-9　货币成本收益指标

货币成本	货币收益
生活支出	种植收入
教育支出	养殖业收入
医疗支出	林业收入
休闲娱乐支出	劳务收入
劳务成本（迁移组）	个体经营收入

（2）货币成本分析

根据实地调研数据，灾区迁移组居民主要有两个村，孝德镇王家坪小区回收 22 份有效问卷，金花镇吉祥村回收 35 份有效问卷，合计 57 份。2014 年迁移组家庭年均货币成本具体指标数据见表 7-10。

表 7-10　迁移组货币成本

货币成本	王家坪小区		吉祥村		平均值	
	金额/万元	占比/%	金额/万元	占比/%	金额/万元	占比/%
生活支出	1.28	56.14	1.01	58.04	1.15	56.97
教育支出	0.48	21.05	0.16	9.19	0.32	15.92
医疗支出	0.28	12.28	0.26	14.9	0.27	13.43
休闲娱乐	0.24	10.52	0.28	16.09	0.26	12.94
劳务支出	0.06	2.63	0.027	1.55	0.04	2.16
合计	2.34	102.62	1.74	100.13	2.01	101.42

从表 7-10 可知，王家坪小区年均生活支出 1.28 万元，吉祥村年均生活支出 1.01 万元，均值为 1.15 万元，平均占比为 56.97%。更为显著的是王家坪小区的教育支出是吉祥村的 3 倍、达到了 0.48 万元，这二者支出差距可以更多地归结为生活地点差异。王家坪小区迁移到镇上后，教育支出相对农村更大。二者均值为 0.32 万元，占比为 15.92%，大于除生活支出之外的其余几项

支出。同时，两个村的医疗支出和休闲娱乐支出基本一致，前者分别为 0.28 万元、0.24 万元，后者则为 0.26 万元、0.28 万元，均值分别为 0.27 万元、0.265 万元。返回原住地工作的劳务支出各为 0.06 万元和 0.027 万元，平均一年支出 0.04 万元，占总支出的 2.16%。产生差异的原因是吉祥村相对距离较近，路费开支较少。

原址就近重建居民的货币成本主要是生活成本，指标和迁移组居民有差异的地方在他们没有返回原住地务工的劳务成本。统计回收有效问卷，天宝村有效问卷为 14 份，金山村有效问卷为 35 份，合计 49 份。2014 年原址重建家庭年均货币成本具体指标数据见表 7-11。

表 7-11　原址重建组货币成本

货币成本	天宝村		金山村		平均值	
	金额/万元	占比/%	金额/万元	占比/%	金额/万元	占比/%
生活支出	0.98	55.37	0.98	62.38	0.98	58.74
教育支出	0.57	32.2	0.14	9.13	0.36	21.37
医疗支出	0.13	7.34	0.36	22.79	0.24	14.54
休闲娱乐	0.09	5.08	0.09	5.71	0.09	5.35
合计	1.77	100	1.57	100	1.67	100

从表 7-11 可以看出，天宝村、金山村生活支出都是 0.98 万元，对比吉祥村少了 0.03 万元，几乎等同于多出的劳务支出。王家坪小区和另外三个地区生活差异较大，不予考虑。平均下来原址重建组生活支出占整个生活成本接近六成的比例，达到 58.74%。对比上面迁移组数据差距不大，可以看出两组人群的消费结构一致。两村在医疗支出方面，分别是天宝村 0.13 万元、金山村 0.36 万元，均值是 0.24 万元，占比达到 14.54%，仍然和上面对照组一致。在教育支出方面，天宝村和金山村分别为 0.57 万元、0.14 万元，均值为 0.36 万元。分析问卷数据，二者相差过大的原因是天宝村更多家庭送子女到镇上读书，花费较大。参照王家坪小区教育支出，和天宝村接近，可以得出结论，教育支出差异更多在于家庭对子女就读学校的选择。在休闲娱乐支出方面两村一致，都为 0.09 万元，均值一致，和迁移组差距较为明显。在下面计算净收益数值，支出差异较大的原因应是迁移组净收益较大的原因。

（3）货币收益分析

由于地震对灾区各地破坏严重程度不同，加之当地乡镇政府对灾后重建整体规划的差异，灾后迁移重建分为两种类型：一是当地政府在外乡买地，作为本乡居民整体迁入新址，本书定义为迁移；二是在本乡甚至本村按照新农村建设的要求规划社区，引导灾民集中定居，本书定义为原址重建。本书从这两类分别确认居民的货币收益。

①迁移组的货币收益

王家坪小区和吉祥村的居民原住地处于山谷地区，地质生态十分脆弱，多雨季节容易引发洪水灾害，严重威胁当地居民的人身财产安全，所以当地政府选择了迁移。本书中货币收益以个人为单位计算，分为五个方面，分别是种植业收入、养殖业收入、林业收入、劳务收入、个体经营收入。王家坪小区和吉祥村居民2014年各项收入见表7-12。

表7-12　迁移组货币收益（2014年）

货币收益	王家坪小区		吉祥村		平均值	
	金额/万元	占比/%	金额/万元	占比/%	金额/万元	占比/%
种植业收入	0.19	13	0.11	12	0.14	12
养殖业收入	0	0	0	0	0	0
林业收入	0.03	2	0.05	5	0.04	4
劳务收入	1.22	85	0.66	69	0.87	77
个体经营收入	0	0	0.13	14	0.08	7
合计	1.44	100	0.95	100	1.13	100

由表7-12可见，2014年王家坪小区居民平均收入为1.44万元，吉祥村居民平均收入为0.95万元。王家坪小区比吉祥村显著高出52%。王家坪小区居民收入的85%来自劳务收入，其次有13%来自种植业收入，说明王家坪小区居民主要从事务工和种植，从事的劳动类型高度集中。而吉祥村居民收入的69%来自劳务收入，其次个体经营收入达到14%，有12%的收入是来自种植业，有5%的收入来自林业，说明吉祥村居民从事的劳动类型呈现出多样性和分散性。实际上，访员在调查中发现王家坪小区居民大多在原住地的采矿企业上班，收入远远高于务农收入，少数居民从事农业种植，而吉祥村居民分散于务工、种植和个体经营等行业。另外，两个村都没有居民从事养殖业。

②原址重建组居民的货币收益

本书中天宝村和金山村选择在本村或离原住址相隔几千米的地方集中重建。2014年，两村居民平均收入见表7-13。

表 7-13　原址重建组 2014 年居民收入

货币收益	天宝村		金山村		平均值	
	金额/万元	占比/%	金额/万元	占比/%	金额/万元	占比/%
种植业收入	0.08	8	0.02	2	0.04	4
养殖业收入	0	0	0.07	7	0.05	5
林业收入	0	0	0.01	1	0	0
劳务收入	0.67	68	0.7	69	0.69	69
个体经营收入	0.23	24	0.21	21	0.22	22
合计	0.98	100	1.01	100	1	100

从表 7-13 可以看出，天宝村和金山村两村的收入结构呈现相似性，总收入也只相差 3%。天宝村和金山村的收入都主要来源于劳务收入，占比分别为 68% 和 69%，其次是个体经营收入，占比分别为 24% 和 21%，几乎没有林业收入，而两村在种植业收入和养殖业方面的收入占比相反，天宝村在种植业收入占比为 8%，养殖业收入为 0，金山村在养殖业收入的占比为 7%，种植业收入的占比只有 2%。

在图 7-20 中，原址重建组和迁移组 2014 年收入比较可见，两组居民在 2014 年的劳务收入占比最大，而迁移组的劳务收入高出原址重建组 26%。调查发现，这是由于迁移组一般是迁往镇集市附近甚至县城附近，因此该组居民相对原址重建组居民有更大可能得到务工机会。同时，数据表明，迁移组居民种植业收入也远远高于原址重建，这是因为该组居民搬迁后远离原有土地，

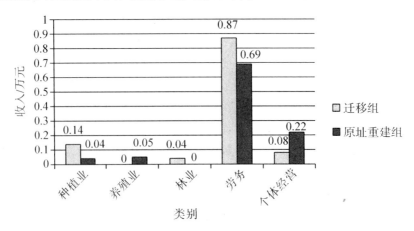

图 7-20　2014 年迁移组与原址重建组居民收入比

因此多种植经济作物，产出更高。另外，原址重建组的个体经营收入是迁移组居民的 3 倍左右，访员调查得知这是由于原址重建组集中安置，形成社区，人口密度大，但是离城镇较远。所以，该社区部分居民开始从事各种个体经营，如开药店、小卖部、茶馆和棋牌室等。

（4）货币净收益计算及分析

根据上述的净收益模型，利用问卷获取的数据，计算出迁移组的人均净收益，做出总体的散点图，如图 7-21 所示。

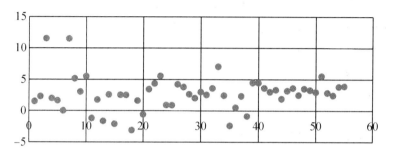

图 7-21　迁移组人均净收益

迁移组的人均净收益有 48 个样本都是净值大于零，中位值数据在 3 万元左右，仅有 7 个样本出现净值小于零的情况。分析问卷数据，出现上述情况的原因是，王家坪小区人均收入较高，同时迁移组两个村获得的住房重建政府补贴较高，导致收入较原址重建居民收入更高。

7.7　人口迁移成本收益影响因素分析

根据前文的分析，本节重点通过构建回归模型对灾后迁移居民迁移成本收益的影响因素进行分析，找出影响灾民迁移成本收益的显著性变量，从而为对策建议提供理论参考。

7.7.1　变量的定义及统计描述

将地震后受灾迁移居民的净收益作为被解释变量，将劳动收入、政府灾后补贴、其他收入、生产生活支出、教育支出、医疗支出、住房支出、其他支出、受教育年限、年龄、家庭人口数、搬迁后生活方便度、性别和政治面貌等作为解释变量。具体变量及解释以及变量描述性统计分析如表 7-14、表 7-15 所示。

表 7-14 变量的定义及解释

变量	定义	解释
被解释变量		
净收益	Y	迁移居民相对于原住居民的货币总收入和总支出的差额，即净收益（NI）
解释变量		
劳动收入	X1	主要包括种植业收入、养殖业收入、林业收入、劳务收入和个体经营收入等
政府灾后补贴	X2	灾后政府给予受灾民众的各项补贴、补助的总额
其他收入	X3	除去上述收入之外的其他收入，如资产性收入等
生产生活支出	X4	用于日常生活和生产的各项人均支出总额
教育支出	X5	用于家庭子女的教育费用
医疗支出	X6	个人看病就医费用
住房支出	X7	灾后家庭住房重建的人均成本支出
其他支出	X8	除了以上支出的其他支出，例如文化娱乐消费
受教育年限	X9	将被访对象的受教育程度折合成受教育年限
年龄	X10	被访者的年龄
家庭人口数	X11	被访者的家庭人口数
搬迁后生活方便度	X12	反映迁者迁移后的生活方便度
与搬迁前社会关系的联系的频度	X13	反映搬迁行为对搬迁者搬迁前的社会关系的影响
对当地人的熟悉度	X14	反映迁移者在迁入地的人际关系
政府关心度	X15	对政府对迁移居民生活关心程度的评价
性别	D1	D1=1 表示男性，D1=0 表示女性
是否共产党员	D2	D2=1 表示是共产党员，D2=0 表示非共产党员
是否购买养老保险	D3	D3=1 表示购买了养老保险，D2=0 表示未购买养老保险
是否参加医保	D4	D4=1 表示购买了医疗保险，D4=0 表示未购买医疗保险

表 7-15 变量的统计描述

变量	样本数	均值	最大值	最小值	标准差
劳动收入（X1）	55	0.875	10.000	0.000	1.802
政府灾后补贴（X2）	55	1.080	4.500	0.000	0.926

表7-15(续)

变量	样本数	均值	最大值	最小值	标准差
其他收入（$X3$）	55	0.198	4.250	0.000	0.695
生产生活支出（$X4$）	55	1.093	6.000	0.030	1.043
教育支出（$X5$）	55	0.283	2.500	0.000	0.564
医疗支出（$X6$）	55	0.273	1.500	0.000	0.318
住房支出（$X7$）	55	10.153	49.000	0.000	8.942
其他支出（$X8$）	55	0.194	2.500	0.000	0.470
受教育年限（$X9$）	55	3.927	19.000	0.000	5.846
年龄（$X10$）	55	55.709	88.000	5.000	20.674
家庭人口数（$X11$）	55	3.200	8.000	0.000	2.368
搬迁后生活方便度（$X12$）	55	0.782	1.000	−1.000	0.599
与搬迁前社会关系的联系频度（$X13$）	55	−0.382	0.000	−2.000	0.652
对当地人的熟悉度（$X14$）	55	0.109	2.000	−2.000	1.487
政府关心度（$X15$）	55	0.491	2.000	−2.000	0.998
性别（$D1$）	55	0.436	1.000	0.000	0.501
政治面貌（$D2$）	55	0.127	1.000	0.000	0.336
是否购买养老保险（$D3$）	55	0.273	1.000	0.000	0.449
是否参加医保（$D4$）	55	0.945	1.000	0.000	0.229

7.7.2 模型的构建与分析

鉴于本研究的目的，主要是利用了一般线性回归，运用 Eviews7.2 软件进行（OLS）回归分析。基本回归模型为

$$Y_i = \alpha + \beta_i \sum_1^{15} X_i + \gamma_i \sum_1^4 D_i + \mu_i$$

其中，Y_i 为被解释变量净收益，α 为常数项；β_i 表示 i 自变量在控制了其他自变量的前提下偏回归系数的解释力度；X_i 为连续性变量；D_i 为虚拟变量；γ 为虚拟变量的回归系数；μ_i 为剩余项，表示模型以外的影响因素。为了找出影响灾民迁移净收益的主要因素，本书根据基本回归模型，通过逐步回归，剔除对迁移净收益影响不显著的变量，最终找出对净收益影响显著的变量；同时，为了更好地分析，本书会保留部分不显著但重要的人口统计学指标变量。模型 OLS1 现将文本选定的所有变量都引入模型，分析其对净收益的影响；模型 OLS2 是

在剔除模型 OLS1 中最不显著的变量后再进行回归；模型 OLS3 是在剔除模型 OLS2 中显著性水平最低的几个变量后的回归模型，也是最终的回归模型。通过这种逐步回归的方法，得到对净收益率具有显著影响的最终回归模型。结果如表 7-16 所示。

表 7-16　人口迁移成本收益的影响因素

解释变量	OLS1	OLS2	OLS3
货币类解释变量			
常数项(C)	4.069**(1.650)	3.754**(1.805)	3.642***(3.688)
劳动收入(X1)	1.124***(4.685)	1.132***(5.161)	1.066***(5.980)
政府灾后补贴(X2)	0.122(0.116)		
其他收入(X3)	0.945**(2.016)	0.926**(2.317)	0.819**(2.297)
生产生活支出(X4)	-1.451***(-4.908)	-1.433***(-5.349)	-1.455***(-6.817)
教育支出(X5)	-1.275**(-2.397)	-1.257**(-2.549)	-1.316***(-2.933)
医疗支出(X6)	-0.317(-0.328)		
住房支出(X7)	-0.063(-1.665)	-0.064*(-1.881)	-0.063***(-2.341)
其他支出(X8)	-0.632(-0.874)	-0.581(-0.888)	
非货币类解释变量			
受教育年限(X9)	0.273(0.819)	0.271*(1.727)	0.283*(1.930)
年龄(X10)	-0.032(-0.435)	-0.038(-1.599)	-0.075(-1.625)
家庭人口数(X11)	0.024(0.645)	0.046(0.315)	
搬迁后生活方便度(X12)	-0.187(-0.339)		
与搬迁前社会关系的联系频度(X13)	0.673(1.338)	0.690(1.451)	0.972**(2.541)
对当地人的熟悉度(X14)	0.435**(2.039)	0.423**(2.206)	0.384**(2.118)
政府关心度(X15)	-0.048(-0.26)		
虚拟变量			
性别(D1)	-0.298(-0.497)	-1.384**(-2.087)	-1.431**(-2.222)
是否共产党员(D2)	1.410(1.256)	1.322(1.369)	1.519*(1.719)
是否购买养老保险(D3)	-0.842(-1.153)	-0.808(-1.222)	-1.011(-1.616)
是否参加医保(D4)	1.459(1.092)	1.401(1.237)	1.628(1.564)

表7-16(续)

解释变量	OLS1	OLS2	OLS3
R	0.754	0.751	0.735
$R2$	0.599	0.636	0.652
F	4.842	6.57	8.784

注：*、**、*** 则分别表示 $P<0.1$、$P<0.5$、$P<0.05$，括号内为对应系数 t 值。

7.7.3 模型的检验

（1）经济学意义检验

从模型 OLS1、模型 OLS2 和模型 OLS3 的回归结果可以看出，在货币类变量中，作为总收入构成部分的变量劳动收入（$X1$）、政府灾后补贴（$X2$）、其他收入（$X3$）的系数都为正，这说明随着变量劳动收入（$X1$）、政府灾后补贴（$X2$）、其他收入（$X3$）的增加，净收益将会增加；作为总支出构成部分的变量生产生活支出（$X4$）、教育支出（$X5$）、医疗支出（$X6$）、住房支出（$X7$）、其他支出（$X8$）的系数都为负，这说明随着变量生产生活支出（$X4$）、教育支出（$X5$）、医疗支出（$X6$）、住房支出（$X7$）、其他支出（$X8$）的增加，净收益将会下降。在非货币类变量中，受教育年限（$X9$）的回归系数为正，这说明受教育年限与迁移的净收益成正相关关系；年龄（$X10$）的系数为负，这说明年龄与迁移的货币净收益是负相关关系；家庭人口数（$X11$）的系数为正，这说明家庭人口数越多，迁移的净收益越大；搬迁后生活方便度（$X12$）的系数为正，这说明对搬迁后生活感觉越方便的人，迁移的净收益越高；与搬迁前社会关系的联系频度（$X13$）的系数为正，这说明和搬迁前社会关系的联系频度越高的居民，其搬迁的净收益越高；对当地人的熟悉度（$X14$）的系数为正，这说明在迁入地社会关系越好的迁移者，其迁移的净收益越大；政府关心度（$X15$）的系数为负，与经济理论不符，故可以将其剔除。

在虚拟变量中，性别（$D1$）的回归系数表明女性和男性的迁移的净收益存在 -0.298 的差异；是否共产党员（$D2$）的系数为正，这说明党员身份能提供迁移的净收益；是否购买养老保险（$D3$）的系数为负，这说明购买养老保险的迁移者的迁移净收益比未购买者低；是否参加医保（$D4$）的系数为正，这说明购买医保的迁移者的净收益比未购买者高。从以上分析可知，模型大部分变量的回归结果是符合经济意义的。

（2）统计推断检验

从表7-16可知，模型OLS1中的R＝0.754，模型OLS2中的R＝0.751，模型OLS3中的R＝0.735，虽然所有模型的可决系数不是很大，但对于截面数据而言，可决系数达到0.7以上说明模型的拟合优度已经较好。给定置信水平$\alpha=0.05$，查t分布表，对于模型OLS1，在自由度为$n-20=35$时的临界值为2.031，虽然模型OLS1中有多个变量系数的t值小于临界值，但为了防止重要变量被剔除，可以先将变量系数t值的绝对值最小的四个变量——政府灾后补贴（X2）、医疗支出（X6）、搬迁后生活方便度（X12）和政府关心度（X15）剔除，其他的变量则保留。政府灾后补贴（X2）对净收益的影响不显著，可能是由于政府补贴作为灾后一项临时性政府转移支付不会对受灾群众的收益产生长期影响；医疗支出（X6）对净收益的影响不显著可能是新农合的普遍推行，使得家庭医疗支出在家庭总支出中的比重下降，从而对迁移后的净收益的影响也较小；由于搬迁后生活方便度（X12）和政府关心度（X15）的回归系数为负，与合理的经济意义不符，即与搬迁后生活方便度（X12）和政府关心度（X15）应当与净收益正相关的理论矛盾，故不应将其保留在模型中。

对于模型OLS2，在自由度为$n-16=39$时的临界值为2.021，模型中变量其他支出（X8）和家庭人口数（X11）的系数t值的绝对值明显小于$t\alpha/2\ (n-k)=2.021$，说明其他支出（X8）和家庭人口数（X11）对迁移组居民的迁移净收益没有显著影响，这可能是因为其他收入由于占总收入的比重较低因而影响也较小，故可将这两个显著性水平很低的变量剔除。对于模型OLS3，在自由度为$n-14=42$时的临界值为2.021，模型中主要变量劳动收入（X1）、其他收入（X3）、生产生活支出（X4）、教育支出（X5）、住房支出（X7）、与搬迁前社会关系的联系频度（X13）、对当地人的熟悉度（X14）和性别（D1）的系数t值的绝对值都大于$t\alpha/2\ (n-k)=2.021$，故通过显著性检验，说明变量劳动收入（X1）、其他收入（X3）、生产生活支出（X4）、教育支出（X5）、住房支出（X7）、与搬迁前社会关系的联系频度（X13）、对当地人的熟悉度（X14）和性别（D1）对迁移居民的净收益有显著的影响。而对于OLS3中，未通过t值的显著性检验仍被保留下来的变量，如受教育年限（X9）、年龄（X10）、是否共产党员（D2）、是否购买养老保险（D3）和是否参加医保（D4），主要是考虑到这些变量为重要的人口统计变量，保留这些变量有利于我们认识不同人口特征对迁移的净收益的影响。

（3）计量经济学检验

由逐步回归法最终可得到模型OLS3。给定显著性水平0.05，因为DW统计量为 2.171，故模型不存在自相关问题。对模型做异方差的 White 检验，由检验结果可得 Obs×R-squared＝5.056（13）＝22.362，从而可以认为模型不存在异方差性。对模型 OLS3 中的定量变量做多重共线性检验，由于各变量间的相关系数都很低，因此我们可以认为变量间不存在多重共线性。

7.7.4 人口迁移成本收益的影响因素

模型 OLS1 中变量——政府灾后补贴（$X2$）、医疗支出（$X6$）、搬迁后生活方便度（$X12$）和政府关心度（$X15$）对迁移居民的迁移净收益影响不显著，故在模型 OLS2 中要将其剔除，以找出显著的变量；模型 OLS2 中变量——其他支出（$X8$）和家庭人口数（$X11$）对迁移组居民的迁移净收益没有显著影响，故在模型 OLS3 中也要将其剔除，最后剩下的显著变量和重要的反映人口特征的变量保留在模型 OLS3 中。

（1）收入因素的影响

通过以上分析，本书认为模型 OLS3 是可接受的。由模型 OLS3 可知，家庭劳动收入（$X1$）、其他收入（$X3$）、生产生活支出（$X4$）、教育支出（$X5$）、住房支出（$X7$）、与搬迁前社会关系的联系频度（$X13$）、对当地人的熟悉度（$X14$）和性别（$D1$）对迁移居民的净收益具有显著性影响。从收入角度看：由于调查的对象大多数是农村居民，他们的收入主要依靠劳动取得，因此家庭劳动收入（$X1$）对迁移居民的净收益影响显著与调查对象的经济事实是相吻合的。由于许多受访对象每年都能从所在村集体获得一定的资源分红，如王家坪小区居民获得的集体磷矿分红收益，因此其他收入（$X3$）在家庭年收入中也占很大的比重，从而变量——其他收入（$X3$）会对迁移净收益产生显著的影响。

（2）支出因素的影响

从支出角度看，其中，生产生活支出（$X4$）作为日常生活支出的必要组成部分，也在很大程度上对支出产生影响，尤其是在迁移居民收入来源有限的情况下，支出部分的变动会对净收益产生更显著的影响，因此生产生活支出也会对净收益产生显著的影响。我国历来有尊师重教的传统，很多家庭都很看重子女的教育问题，因此教育支出（$X5$）作为家庭适学成员的教育费用也会在很大程度上对居民的支出决策产生影响。近年来，我国房价一直处于较高的水平，购房支出通常会对购房者的支出状况产生较大的影响。对于低收入家庭来说，这种影响往往更大，面对购房的大额支出，他们通常要进行跨期消费决策——借贷购房，而偿还贷款又需要较长的时期来完成，因此购房支出会对家庭的支出决策产生长期的影响。本书的调查对象，基本上都来自农村，家庭收入有限，在地震重建过程中，虽然政府等机构提供了一些住房补助，但是购房费用的相当一部分还是需要迁移居民自己通过借贷等方式来解决；而在迁移居民收入有限的情况下，偿还这些购房借款也需要较长的时间来完成，因此尽管地震灾害已过去多年，但是迁移居民为购房而进行的跨期消费决策仍会对当前的消费产生影响，所以住房支出（$X7$）会对迁移的净收益产生重要影响。

（3）社会关系网络的影响

从社会关系网络时间看，变量与搬迁前社会关系的联系频度（$X13$）和变量对当地人的熟悉度（$X14$）都反映了迁移居民的社会关系网络的广度，广阔的社会关系网络往往具有信息的传递功能。传统人口迁移理论也认为，外出迁移人口会承担信息传递的作用，他们往往会将迁入地的就业信息等传递给同乡村民，从而引起更多人口的迁移。同样，拥有广阔社会关系网络的迁移居民往往能通过其关系网络，获得更多的就业或其他能取得收入的信息，因此这些人获得更高收入的可能性也更大，故据此可以认为变量与搬迁前社会关系的联系频度（$X13$）和变量对当地人的熟悉度（$X14$）对迁移的净收益产生正向的显著影响是成立的。

（4）其他综合因素的影响

此外，对于在模型 OLS3 中不显著的变量——受教育年限（$X9$）、年龄（$X10$）、是否共产党员（$D2$）、是否购买养老保险（$D3$）和是否参加医保（$D4$），我们也可以发现一些特征。对于变量受教育年限（$X9$）其系数为正，说明教育年限与迁移的净收益呈正相关关系；至于其不显著，可能是因为被访对象都为农村居民，受当地农业产业结构和发展水平的限制，不同教育水平所带来的人力资本收益可能无法很好地体现出来。对于变量年龄（$X10$），其系数为负，说明年龄与净收益呈负相关关系，这与不同年龄人口的就业状况进而与收入状况是相符的；至于其不显著的原因，可能是受纳入分析的样本量的大小的影响。对于变量是否共产党员（$D2$），其系数为正，说明迁移者的党员身份能够提高其迁移的净收益，高出非党员迁移组 1.41 个单位；这可能是因为具有党员身份者往往具有更丰富的社会资本，从而在迁移中获得较高收益的机会也更多。对于变量是否购买养老保险（$D3$），其系数为负，说明购买养老保险与迁移的净收益呈负相关关系；这可能是因为在当前我国农村养老保险刚刚起步，养老保险的相当一部分资金需要自己出，而且养老保险的收益是在未来才能获得的，因此当前购买在未来受益的养老保险，实际上是一种跨期投资行为。为了在未来获得收益，保险者必定会增加当前投资支出，从而使得当前净收益减少，故变量是否购买养老保险（D3）与当期迁移净收益是负相关。对于变量是否参加医保（D4），其系数为正，说明购买医保与迁移净收益呈正相关关系；购买养老保险属于参加社会保障的购买医保行为，之所以会导致与购买养老保险相反的变化方向，可能是因为医保为一种即期消费行为，即当年缴纳保费，当年受益；而且国家对个人参加医保的补助，也会减少就医的支出，增加年净收益，故购买医保与迁移的净收益呈正相关关系。

7.8 研究结论分析

本章选择了受汶川地震灾害破坏严重的绵竹市生态重建区作为调研对象，对因灾迁移人口在地震前与迁移后的就业情况、经济收入、福利保障水平、生活质量、满意度以及货币与非货币成本进行了问卷调查；并以原址重建组居民为对照组，构建人口迁移的成本收益模型，从微观的个人迁移决策行为视角对该区域人口迁移的成本收益进行分析。得到的主要研究结论如下：

7.8.1 地震灾害对该区域人口产生了巨大影响

从住房和居住环境方面来看，虽然人均住房面积减少了，但是只有较少部分受访灾民表示与现在的房屋相比他们对地震前的住房更加满意。这是由于重建房屋质量的提升、安全性的提高使得人们对新住房的满意度普遍提高。并且与之前的污水、垃圾随意处理相比，重建后大部分居民的生活污水和垃圾都有了集中的处理方式，饮用水也由之前的井水、山泉水改成了现在更加方便卫生的自来水，这些配套生活设施的改善提高了灾区居民的生活质量。

从土地方面来看，数据显示，2008 年汶川大地震使得受访灾民的土地受到了极大的损毁，耕地面积大幅减少，所种粮食基本不能满足家庭的口粮，很多人直接失去耕地。

从就业方面来看，排除被调查对象从劳动年龄进入非劳动年龄及地震致使一部分人丧失劳动能力的影响，地震前后的就业率几乎没有太大变化。地震前后的就业情况的变化主要体现在就业类型、工作时间、就业收入等方面。从就业类型看，地震前后就业类型变化比较明显，务农人员比例减少了一半左右，相当一部分务农人员转为务工或者从事个体经营。从工作时间看，平均每年工作月数从地震前的 7.84 个月上升到地震后的 9.61 个月，这可能是由于迁移组搬迁后，政府为迁移人口提供了各种就业培训和就业机会，使得迁移人口每年平均工作月数增加。从就业收入满意度来看，地震后对就业收入不太满意或者感觉一般的人的比例明显下降，而对就业收入感觉满意的人的比例显著上升。

在收支变化方面，汶川大地震后，受灾地区的种植业、养殖业收入下降明显，主要原因是这些收入与自然条件的关联性较大，而地震使耕地等破坏严重。数据显示，迁移组居民成本花费最大的是住房成本，较为富裕家庭在抵御自然灾害时拥有更强的恢复能力，而居民生活成本在地震后均有较为显著的上升。无论是地震之前还是地震之后，迁移居民和原住居民的货币收益都主要来自劳动收入，包括务农收入、外出务工收入等，相比之下，耕地等务农收入远低于外出务工所获收入。对于收入主要来自外出务工收入的居民来说，地震前后劳动收入部分变化并不大，地震引起的货币收入变动主要集中于灾后政府补助。而对于将耕地收入作为主要收入来源的居民来说，劳动收入显著增加。这是因为除了因地震增加的灾后政府补助以外，还由于地震后集中居住，离耕地较远，一部分人放弃耕种土地，转而在本社区从事小卖部等个体经营，或者在镇上从事其他劳动，因此劳动收入大幅度增加。另外，数据还显示，震后生活支出和医疗支出占总支出的比例明显上升，相反娱乐休闲支出、生产性支出以及教育支出所占比例有所下降，这说明地震对支出的影响较明显。而从居民的收入支出变化方面来看，我们可以知道 2008 年汶川大地震对灾区人民的经济收入造成了严重的影响，使得灾区人民的生活水平发展延缓了数年。

7.8.2 迁移组与原住组的货币成本及货币收益均存在差异

2014 年，货币成本主要由生活成本和劳务成本构成。生活成本包括生活支出、教育支出、医疗支出、休闲娱乐支出等现金支出，劳务成本主要是迁移居民需要坐车往返原地务农或务工所花费的成本。而货币收益主要由务农收入、劳务收入以及个体经营收入组成，林业收入等均算入务农收入。

与迁移组相比，原住居民的货币成本主要是生活成本，少了迁移组返回原住地务工的这笔劳务成本。相比之下，原地重建居民基本生活支出开销依然较为平稳，相反，对比迁移组居民的生活支出，上涨幅度明显，可见新的生活环境对家庭原有生活习惯影响很大。

而经过比较 2014 年迁移组居民与原住居民的收入可看出，迁移组的劳务收入以及种植业收入远高于原住组，劳动收入较高的主要原因是震后灾民迁移至离集市或当地县城更近的地方，这样就比原住居民获得更多的务工机会；而种植业收入同样较高的原因是震后迁移居民多种植经济作物，产出更高。相比之下，原住居民的个体经营收入较迁移居民要高，这是因为原住组离城镇较远，所以部分居民从事各种个体经营活动，如杂货店、茶馆等。但是，虽然政府对迁移居民和原住居民都给予了补贴，但是给予迁移居民的补贴明显比原住居民的高得多，这说明灾后政府补贴的货币收益存在一定差异。

7.8.3 迁移组的非货币收益大于非货币成本

非货币成本与收益很难用货币去直接衡量与测算，更多体现在迁移居民的主观评价上。由本书内容可知，由于调查对象的迁移属于整体近迁，迁移后还是和原来的邻居住在一起，与当地人在生产方式、生活习惯上并没有太大差别。因此，在社会关系被削弱、生活不适应等方面并没有体现出太大的成本，非货币成本主要体现在迁移后治安状况变差、与当地居民建立起良好人际关系的速度较慢以及主观上认为政府对自己的关心程度没有想象中的那么高。而当移民从山区迁移到邻近的小镇之后，在交通、医疗、教育、水电使用等方面都得到了根本性的、全面的提高，获得了较大的非货币性收益。经过计算，迁移后的非货币成本为 0.5，非货币收益为 1.59。所以，综合来看，本书认为迁移带来的非货币性收益远远大于迁移所付出的非货币成本，迁移的净收益是远大于 0 的。

7.8.4 多种因素影响着迁移组的成本及收益

通过多元线性回归模型分析可以看出，临时性的政府补贴并不会对受灾居民的收益产生长期影响；而劳动收入、生活生产支出、教育支出、住房支出、与搬迁前社会关系的联系频度、对当地人的熟悉度和性别等对迁移居民的净收益具有显著的影响。这是由于被调查对象多为农村居民，劳动收入在家庭收入中占有重要比重；同时，许多被访对象每年都能获得一定的资源分红收益，因此家庭劳动收入和包含资产性收入的其他收入对迁移居民的净收益影响显著；而在收入来源有限的情况下，生产生活支出作为日常支出的重要组成部分，对净收益也具有显著影响；并且我国家庭历来很看重子女的教育问题，所以教育支出在很大程度上对居民的支出决策产生影响；另外，近年来，我国房价一直处于上升阶段且价格偏高，在地震重建过程中，虽然政府等机构提供了一定的住房补助，但由于本书的调查对象基本都来自农村，家庭收入有限，在这种情况下，住房支出对家庭成本收益同样有着显著的影响；基于迁移的信息传递功能，迁移者与搬迁前社会关系的联系频度和对当地人的熟悉度对迁移的净收益产生正向的显著影响。

　　同时，即使在模型中不显著的受教育年限、年龄、是否共产党员、是否购买养老保险和是否参加医保等重要的人口特征指标，也能在一定程度上反映迁移人口净收益的不同状况。受教育年限、是否共产党员、是否参加医保会对迁移的净收益产生正向的影响；而年龄和是否购买养老保险则会对迁移净收益产生负向的影响。

8 地震灾害频发地区的人口迁移 与分布模式研究

前文从宏观的自然地理环境禀赋、社会经济发展状况以及微观个体决策行为几个方面，对龙门山断裂带区域的人口迁移流动与分布问题进行了分析。从理论上讲，人口的迁移流动与分布，不仅会受到自然地理环境因素的影响，尤其是自然灾害突发、生态环境破坏等造成人口的被迫迁移，也会受到区域社会经济发展水平的差异所带来的福利待遇、工资差异、就业机会等的影响。除了灾害导致破坏或政策性移民等人口非自愿迁移外，人口的迁移决策行为更多的还受到个体行为的影响，具体而言是个体在考虑迁移所带来的成本与收益的基础上所做出的最终决定。

龙门山断裂带区域作为地震等自然灾害频发区，自然地理环境在人口迁移与分布过程中起着重要的作用，该区域内部地域广阔，各地理单元社会经济发展差异十分明显。因而人口的迁移与再分布，在充分考虑区域整体特征的过程中，更应该注重区域内部不同县（市、区）域单元的自身特征，因地制宜地规划人口分布，尽量避免自然灾害发生给人口生命和财产带来的破坏，尽量使得区域社会经济承载力与人口集聚度相适应，从而达到人口的合理分布与各区域主体功能区职能的恰当配合。不仅如此，还要考虑迁移人口的可持续生计以及社会融入与适应等问题，要充分考虑宏观因素与微观个体行为的有机结合。

8.1 规避自然灾害风险的人口迁移与分布模式

龙门山断裂带区域，尽管整体上属于地震灾害、地震次生灾害以及生态环境脆弱区域，但区域内部不同单元所处的自然灾害危险等级存在明显的差异。因此，对区域内部不同单元应该区别对待，人口迁移和再分布模式也应各具特色。

8.1.1 整体搬迁模式

整体搬迁模式，主要是指在不适宜生存居住、地震等自然灾害频发、灾害风险较大的区域，人口搬离原居住地，重新选择新的适宜居住的地方集中安置。这种迁移模式，工程量大、耗时长，涉及的相关问题多，仅适合小范围的人口搬迁。就龙门山断裂带区域而言，适合这种迁移模式的主要以阿坝州的各县（市、区）以及广元市的青川县、北川县等县（市、区）单元为主。

该地区由于处在研究区域的西部和北部，系自然灾害危险度最高、生态环境最为脆弱的区域，这种自然地理环境的特殊性，造就了该区域的灾害风险明显高于其他地区。特殊的地形地貌也使得该区域的人口以分散居住为主，抵抗灾害风险的能力较弱。同时，这片区域社会经济发展水平也相对落后，长期的封闭环境造就了人们固有的居住传统和居住行为以及生活方式，因此，在人口迁移过程中，微观个体可能更看重迁移的非货币成本，尤其是固有社会关系的维系、原有的交际圈以及迁入地居民对迁入者的态度等。所以，在综合考虑上述因素后，整体搬迁模式是较为恰当的选择。

（1）具体做法

具体做法分为两个步骤。首先，选定迁移目标人群。对地震等自然灾害危险度极高、生态极度脆弱的区域，进行综合的地质考察和生态环境评估，结合国家主体功能区规划的要求进行综合考量，将分布在这些区域的人口作为待迁移的目标人群。其次，就近整体搬迁。在选定人口待迁移目标后，以县（市、区）内就近转移为原则，选择灾害风险性较小、生态脆弱性较低的区域，通过政府牵引，集中规划，对待迁移目标人群实施整体搬迁。整体搬迁模式遵循就近迁移的原则，主要以区域内异地迁移形式为主，在地理区位上以由近及远的区位进行选择。

（2）优势与问题

这种迁移模式在迁移过程中的优势主要体现在以下三个方面：其一，迁移人口都属于整体近近，迁移后还是和原来的熟人邻居居住在一起，这有助于降低移民的心理成本，减少迁移的社会不适应性，较为适合经济发落后、人口流动性差和具有长期传统居住方式的人口类型；其二，人口整体迁移有助于整合资源，对集中迁出地区的土地也可以整合利用；其三，集中规划及建设基础设施和公共服务体系等，有利于改变居民的生活方式。

该类人口迁移与再分布问题同样面临诸多问题和挑战。第一，整体搬迁工作繁杂、工程规模庞大、迁移的行政成本及经济成本均较高；第二，整体搬迁后居民的生产方式与生活方式可能会发生冲突，搬迁打破了原有人口的工作和生计模式，例如居住地与生产场所间的距离可能会拉大，不利于可持续生计的维系。而可持续生计问题，可能是该迁移模式待解决的首要问题。

8.1.2　归并整合模式

归并整合模式主要是针对自然灾害危险度较低、生态环境较为适宜的地区，将原有分散居住的人口进行集中，整合居住的一种人口迁移模式和再分布模式。归并整合模式不同于整体搬迁模式，该模式主要强调以一个居住区为核心，对原分散居住的住户进行整合，相对集中。这种人口迁移模式，既适用于自然危险度等级较高、生态较为脆弱的地区，也适用于自然地理环境较好但人口流出量较大的区域。

阿坝州的县（市、区）和广元市、绵阳市的部分县（市、区），在人口迁移和再分布过程中较为适宜采取这种人口迁移模式。其原因在于，在这些区域西部虽然整体搬迁可以解决一部分人口的再分布，但受特殊自然环境的影响，适宜于大面积安置人口的地带（点）并不是太多。因此，在实施整体搬迁的同时，要积极采用这种归并整合模式。在区域东北部地区，长期以来的人口净流出导致原居住地的人口分布过分稀疏，人口密度明显下降，尤其是在广大农村地区存在着空心化趋势，人口过于分散给资源的利用和经济发展都会带来不利影响。因此，为使人口相对集中，可以选择这种模式。

（1）具体做法

归并整合的具体做法主要体现在"以点带面、集中管理"上。所谓的"以点带面"，是指以最具有发展优势和生存条件良好的一个点或几个点为中心，作为人口集中居住的核心区域逐渐扩散。主要通过将散居在该区域内的人口集中迁移到核心区域，对散居人口进行局部范围内的合理集中以及整合域内相关资源。归并整合人口迁移分布模式的突出特点是，在核心区域的划定和选择上，主要考虑的是自然地理环境条件和社会经济发展潜力。

（2）优势与问题

这种类型的人口迁移与再分布模式，主要是针对自然灾害危险度较高、生态环境较脆弱和社会经济发展水平相对落后的区域。但不同于整体搬迁的是，这种迁移模式在一定的地域范围内，并非都是不适宜居住区或者灾害风险等级极高的区域，也存在一定的相对安全区域。归并整合模式的突出优点体现在以下三个方面：第一，有集中居住的一个点或者几个地理位置上相对集中的点，避免了重新选址的麻烦，可以节约成本，在实践中可操作性较强；第二，这种模式可以使散居人口不断集中，在基础设施配套建设和相关公共服务建设过程中，避免了实际使用效率低下和建设成本高的矛盾，从而凸显公共资源的规模效应优势；第三，对于区域东北部县（市、区），尤其是在人口大量外流导致农村空心化和劳动力缺失情况下，采取这种方式有助于人口集聚，不仅可以整合人口及其他资源，还可以吸引回乡创业人员，带动地区经济发展。

同时，归并整合模式也存在一定的问题与困难。其一，向外扩散集中的范围到底如何确定，也即一个核心区域的辐射规模和实际的承载力问题。在向外扩散过程中，主要是针对分散居住在环境更加恶劣区域的人口，但可能会与人们的搬迁意愿产生冲突等。其二，社会融入问题在这种类型中就会显得比较突出，长期散居转变为聚居，难免有社会适应问题、原居住地居民的接纳问题、融合与冲突问题的产生。

8.2 适应社会经济发展的人口迁移与分布模式

该迁移模式综合考虑自然地理环境和社会经济发展水平在人口迁移流动与再分布过程中的影响。结合自然地理环境和社会经济发展水平交互作用及综合影响，提出以下三种人口迁移与再分布的具体模式：

8.2.1 统筹城乡新型城镇化模式

统筹城乡新型城镇化模式，是指结合新农村建设和新型城镇化建设过程中的一种人口迁移与再分布模式。统筹城乡新型城镇化模式主要是针对自然地理环境条件较好、社会经济发展水平相对优越的地区，依托新农村建设和新型城镇化建设，对人口进行合理规划和重新布局的一种模式。在这个过程中，可能和整体搬迁模式与归并整合模式有相似之处，但模式的核心目标是社会经济发展和人口的发展问题，而不再是选择更适宜生存的自然地理环境条件和规避灾害风险。

就龙门山断裂带区域内部而言，该模式主要适用于各地级单元市中区周边的县（市、区），包括乡、镇、中心村所在地。如广元市中区、绵阳市中区、德阳市中区以及雅安市中区周边区域，以及与成都平原结合部区域。由于这部分区域相对而言，一方面紧靠市中区、处于城乡接合部，经济发展水平较高，为人口集聚和吸纳迁入人口提供了基础条件；另一方面，居住条件较好和自然灾害危险度等级较低，也是适宜于人口聚集的区域。依托国家新型城镇化建设和新农村建设政策优势，合理规划人口布局。在实际操作过程中，农村和城市之间的差距依旧存在，统筹城乡资源和公平合理分配等问题，也应该引起政府高度重视。

（1）具体做法

统筹城乡新型城镇化模式，依托新型城镇化建设，在城乡一体化过程中，将农村零星分散的人口纳入城镇，实现城乡一体化。具体原则是就近向城镇集中迁移。这种方式其实类似于归并整合模式，但与其又有实质性的区别。归并整合模式考虑的关键是选取适宜居住和有发展潜力的中心，来接纳处于自然灾害高风险区的散居人口；而统筹城乡新型城镇化模式通过吸纳乡村人口，从而更好地整合城乡一体化资源，带动农村与城镇的共同发展，不以规避灾害风险为核心目标。尽管两者有本质差别，但具体迁移方式存在相通之处。

（2）主要优势及存在问题

该种人口迁移与再分布模式最大的优势是政策优势。以新型城镇化建设为依托，在规划城乡一体化建设过程中，充分考虑城乡发展的差异，更加突出农民和农村的利益，从而实现基本公共服务均等化。模式优点体现在以下两个方面：第一，农村迁移人口能享有更为均等的基础设施和公共服务，提升住房及居住环境等方面的品质，有利于人口生活方式的转变；第二，人口迁移的成本比较低，包括货币成本（如房屋建设、搬迁费用、生活用品等）及非货币成本（如医疗卫生费用、娱乐教育消费等）都会有所降低。

但这种模式也存在诸多问题，如模式适用范围受到一定限制，迁移人口的可持续生计也存在较大的问题。具体表现在以下两个方面：一方面，以农村人口为主的迁移人口，面临生活方式和生产方式相脱节的矛盾，在失去既有劳动收入来源的情况下，可持续生计成为严峻问题。如果农民以失去土地为代价，在未能获得新的工作和劳动技能的前提下，很容易导致部分人口陷入贫困。另一方面，统筹城乡型新城镇化模式，同样无法解决部分年轻劳动力外流，城镇人口活力和经济发展潜力下降，面临不可持续发展的问题。

8.2.2 产业整合推动发展模式

产业整合推动发展模式，是一种以促进人口与社会经济可持续发展为核心的人口集聚模式。这可以从两个层面来理解：一是个体层面，以自主优势产业化发展为依据，形成人口的集聚；二是区域层面，不同区域之间可以实现产业联动发展，在具有不同优势产业链的地区，形成以产业链为纽带的人口带状分布。这种人口迁移分布模式，强调人口迁移和再分布后的可持续发展，可以有效弥补统筹城乡的新型城镇化和整体搬迁等模式的不足。该模式既要依托区域内产业优势、资源和潜在条件优势，又要具备适宜人口长期居住的自然环境。

从龙门山断裂带区域内部看，适合该模式的区域，包括区域南部的雅安市部分县（市、区），以及广元市中区—绵阳市中区—德阳市中区—成都等，由东北向西南这条线上的县（市、区），如广汉市、大邑县、绵竹市、什邡市、平武县、名山区等地区。之所以说这些地区较为适宜产业整合推动发展模式，原因在于：第一，处于这一线的区域从自然地理环境上讲，地处成都平原与西部山地高原接合部及川南丘陵地带；从社会经济状况看，是经济发达的成都平原与欠发达地区的交互地带。这种特殊的区位，自然灾害危险度低、生态环境容量相对较高，适宜于人口集聚；背靠资源、面向市场，有利于形成产业链条。第二，该区域也是人口流动较为活跃、流入人口规模较大的地区，不论是人口的流入和流出还是交通的便捷程度，都有利于产业发展、集聚人口。

（1）具体做法

要实施产业整合推动发展的人口迁移与分布模式，首先要立足区域内不同县（市、区）的特色资源。推动该模式实施，分为三个步骤。第一，对具有资源优势的县（市、区）进行特色资源定位与开发，或在原有的特色产业资源开发的基础上进行改造升级，形成一个以特色资源产业为核心的人口集聚区；第二，以特色资源产业为基础，打造特色品牌，形成上中下游产业发展链一条龙，吸引分散居住且不适宜生存居住区域的人口迁入，推动人口集聚和再分布；第三，实现区域内部的联动发展，以这一线上的核心区域为纽带，加强地域之间的经济联系，有助于人口的合理流动与再分布，有利于贫困人口走出深山，实现脱贫致富。

（2）优势与问题

该人口迁移与再分布模式，核心优势在于可持续发展。具体而言，第一，在一个县（市、区）单元内部，可以实现以点连线，形成不同规模的线状人口集聚区和以产业链条为基础的人口带状分布特点；第二，这种模式可以有效地带动区域内部不同单元之间的经济互动与联系，实现区域内部的联动发展，在一定程度上有助于缓解内部发展不平衡；同时对人口分布的不平衡等问题也可以进行有效的调节，不仅可以吸引落后地区的人口迁入，也可以作为调节大城市人口过度集中的后备区域。然而，要实现这种人口迁移与分布的模式，在现实中困难重重。比如，对于不同的县（市、区），如何定位和开发特色资源，就是摆在这一模式面前的首要难题；在特色资源产业开发过程中，资金来源、政策配套以及产业未来的发展前景和销路等都会制约该模式的发展。因此，在具体的操作过程中，需要进行全局和长远规划。

8.2.3 核心城市吸纳融入模式

核心城市吸纳融入模式，是指区域内和区域外（含省内外）的核心城市、城镇，依托城（市）镇发展，吸引人口流入，对从该区域迁移流出人口的吸纳及融入。区域内如成都市以及各地级单元的市中区，无论是从地理区位还是从社会经济发展水平，均处于优势地位。作为区域政治、经济、文化中心，往往是该区域内人口密度和人口集聚度最高的的地区，同时也是外来人口流入最强的地区。区域外的核心城市及城镇，既包括四川省其他区域的城市和城镇或发达地区，也包括四川省域外全国各地的城市和城镇或发达地区。

研究区域内外的城镇及发达地区，一般来说，自然地理、生态环境、工资收入、福利及公共服务均优于龙门山断裂带，对人口有着天然的"拉力"。相反，龙门山断裂带由于生态环境脆弱、地震灾害及其他灾害危险度较高，经济社会发展相对落后，对人口有着天然的"推力"。

（1）具体做法

针对龙门山断裂带区域自然地理及经济社会的特殊性，应积极推动域内外核心城市对该区域迁移流动人口的吸纳融入。具体做法有三：一是永久性搬迁，永久改变居住地，连同户籍迁移，包括个体及举家迁移。这是传统人口学意义上的真正的人口迁移。迁移后的个体或家人，成为完整意义上的城市居民，获得城市居民配套的权利与义务。二是长期流动，即达到或超过6个月，取得常住人口资格的状况。流动既可以是个体流动，也可以是举家流动。流动人口只能获得外来常住人口的相应权利，不能享有与城市居民同等的权利。研究中把流动归入迁移范畴，因为流动人口实质上是准迁移人口，与永久迁移的主要区别在于是否签转户籍。三是短期流动，一般指在某地居住不到6个月的流动。由于进城务工人员一般专业技能较差，职业、岗位及收入不稳定，因而居住地点及工作流动性强，甚至频繁往返于城市与原住地之间。

（2）优势与问题

该人口迁移与再分布模式的优势十分显著。第一，极大地缓解了地震灾区人口总量过剩矛盾，缓解了区域内人口总量与自然环境、自然资源之间的矛盾。通过人口的大量外迁及流动，导致域内人口总量减少，使得域内人口数量布局更加适应自然环境的承载力，同时也大大降低了地震及其他自然灾害的危险度。第二，极大地缓解了区域内劳动力过剩的矛盾，缓解了劳动力数量供给大于经济社会发展需求的矛盾。通过迁移与流动，一方面满足了区外社会经济发展对劳动力的需求，另一方面也满足了迁移流动人口对收入、福利及其他物质生活和精神生活的需求。同时也使得区内劳动力供给与经济社会发展需求更加协调。

该模式也存在一些问题。首先，大量人口向外迁移和流动，可能导致区域内青壮年劳动力及有较高专业技能的人才不足，影响本区域的可持续发展。例如，农村空心化、老龄化、空巢化以及农村留守儿童、留守老人问题、土地撂荒问题、产业化问题等，都会制约地区经济社会的协调和持续发展。其次，大量人口向城市的集中和集聚，特别是向大城市和特大城市的迁移和流动，可能导致城市的经济承载力和资源环境承载力超过负荷，产生一系列城市病。

8.3 主体功能区规划下的人口迁移与分布模式探讨

四川省主体功能区规划是在全国规划的基础上，结合全省自然地理环境特征和社会经济发展水平划定的。在实际操作过程中，划定了优化、重点、限制和禁止开发区。主体功能区的划定，为规划未来人口与产业布局及经济集聚、生态保护等提供了指导性的原则。

龙门山断裂带区域由于地域面积较广，区域内部自然环境特征差异明显，在人口迁移分布过程中不可一概而论。表 8-1 和图 8-1 分别给出了四川省主体功能区规划范围，以及龙门山断裂带区域部分县（市、区）的城市宜居指数分布。

表 8-1　四川省主体功能区划分

主体功能区	地域范围
城市化地区	成都平原、川南、川东北和攀西地区工业化城镇化基础较好、经济和人口集聚条件较好、环境容量和发展潜力较大的部分县（市、区）
农产品生产区	盆地中部平原浅丘区、川南低中山区和盆地东部丘陵低山区、盆地西缘山区和安宁河流域耕地面积较多、农业条件较好的县（市、区）
重点生态功能区	川西高原、桑巴山区、大小凉山等生态系统重要、资源环境承载能力较低的部分县

从表 8-1 可以看出，本书所研究的龙门山断裂带 42 个县（市、区），其中既有城市化地区，也有农产品生产区，还有重点生态功能区。成都市周边县（市、区）和区域东北部等地，系社会经济发展条件较好和自然灾害危险度较低的区域，可以重点开发作为人口集聚的城市化区域。从图 8-1 可以看出，这部分区域基本属于适宜居住区域。因此，在人口迁移与再分布过程中，该区域也适合新型城镇化吸纳人口模式和核心城市吸纳人口模式。

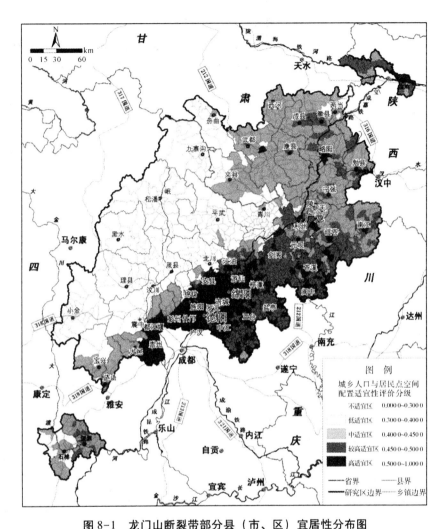

图 8-1 龙门山断裂带部分县（市、区）宜居性分布图

图片来源：方创琳，吴丰林，李茂勋. 汶川地震灾区人口与居民点配置适宜性研究［J］. 城市与区域规划研究，2010（1）.

而对于农产品生产区，主要是在成都平原及四川盆地浅丘区、川南低山区以及盆地西缘山区。这类区域以保护土地和耕地为主及限制规模过大的工业化发展为核心。这部分区域恰恰与"产业整合推动发展"模式相吻合，也符合主体功能区的规划要求。该区域的产业，主要以特色旅游、农产品和林果业以及自主农家乐和绿色加工业为主，在有效保护生态环境和耕地的基础上，发展相关产业。以产业的链条式发展，吸纳和集聚人口，形成产业链上的人口带状分布。

川西高原属于重点生态保护区，如图8-1所示，该区域属不宜人居、自然灾害危险度等级高及潜在风险大的区域。因此，本报告提出的"整体搬迁"和"归并整合"人口迁移模式，在规避灾害风险方面与主体功能区规划也较为一致。

该区域作为少数民族人口集聚区和贫困人口分布密集区，传统的居住文化和居住模式难以改变，而传统的生活、生产方式使得人口迁移流动性弱。因此，针对限制开发区的自然灾害危险度高和潜在灾害风险大等因素，本书还提出了鼓励区域内人口（包括少数民族和贫困人口）向域外迁移流动的模式。

8.4 思考与建议

8.4.1 思考

龙门山断裂带区域42个县（市、区），首先是地震灾害及地震次生灾害和其他自然灾害频发区域，同时也是地质和生态脆弱区域；其次，除与成都临近区域外，其他大部分区域是经济社会发展相对缓慢和落后的区域；最后，该区域是民族人口聚居和贫困人口集中连片区域。

龙门山断裂带区域42个县（市、区），人口规模大，人口密度高，且分布极为不合理，要么大规模积聚在灾害危险度高的区域，要么分散居住在自然环境和经济社会环境较差的区域。

在灾害危险度如此高的区域，却不合理地分布着如此巨量的人口，又进一步提升了灾害的破坏力和危险度。当灾害来临时，特别是大型地震地质灾害来临时，该区域的生命财产将不可避免地会遭受不可估量的损失。

根据人与自然关系的基本原理，人类不能征服自然，只能在认识自然和按规律改造自然的前提下，适应自然、顺应自然。龙门山断裂带区域42个县（市、区），人口迁移流动与再分布必须遵循人与自然关系的基本原理，以减少区域内人口总量和合理布局区内人口作为最基本的价值导向和最高的指导方针。据此，本书认为，上述诸种人口迁移流动与再分布模式虽然各有优势和缺点，但都是富有针对性和可操作性的建议。其中，核心城市吸纳融入模式，主要目标是减少区域人口总量，通过外迁和流动，将人口往域外布局和再分布，使区域内人口规模下降；其他如整体搬迁、归并整合、新型城镇化、产业整合推动等模式，它们共同的基本目标，实质上都是关于区域内其他人口如何合理移动和再分布的模式或思路。通过这些模式的人口迁移流动与再分布，最终使人口系统与自然系统达到相对协调与和谐。

当然，影响人口迁移流动与再分布的因素，除了自然因素外，还有经济社会的因素及经济社会与自然环境综合效应的作用。随着人类文明程度的不断提高，特别是在当代科学技术飞速发展的时代背景下，经济、社会的因素，对人口迁移流动和再分布产生的影响日益凸显。但是，人类必须清醒地认识到，经济社会因素对人口迁移流动和再分布影响力的提升，仍然不能动摇自然环境的基础性和前提性，仍然必须遵循人与自然关系的基本逻辑。即便是经济社会的发展，一方面也必须以遵循人与自然关系的规律为前提；另一方面毫无疑问，也是人与自然关系协调与适应的结果，是人类对"受动性"认识提升的阶段性成就。

因此，在规划和布局区域未来经济社会和人口发展的过程中，应该在充分认识区域自然环境特殊性的前提下，在尊重客观规律的前提下，探讨产业布局、城镇布局、村落布局及集中居住点布局，探讨如何通过这些经济社会资源的布局，引导人口移动，达到科学合理分布和再分布人口，促进区域人口、经济、社会、资源与环境各系统的长期均衡、协调和可持续发展。

8.4.2 建议

针对理论与实证研究结论，本书在系统思考的基础上，根据我国及四川省的实际，根据研究区域的实际，提出了相应建议。龙门山断裂带区域 42 个县（市、区），人口迁移流动与再分布必须遵循人与自然关系的基本原理，以减少区域内人口总量和合理布局区域内人口作为最基本的价值导向和最高的指导方针。

第一，完善人口迁移流动和再分布相关政策，制定和实施针对特殊区域和特殊人群的人口迁移流动政策。针对地震灾害、气候灾害、地质灾害等频发且生态脆弱区域，制定带有鼓励性的政策，从而促进该区域人口（包括从本区域迁移流动出去的少数民族人口、贫困人口）进入核心城市。例如，在技能培训、廉租房及购房、税收、户籍转移、子女就学等方面，都给予适当倾斜和优惠。该政策的实施，将加大核心城市的"拉力"，有针对性地吸引不宜人居区域人口、少数民族人口和贫困人口向域外迁移流动。

第二，完善灾害频发区域自然环境基础数据库，为合理布局产业、基础设施和人口提供科学依据。利用现代地质调查和测绘等技术，详尽调查特殊区域地质构造、地形地貌、灾害种类、灾害频率、灾害危险度、生态脆弱性、水文、气候气温、地下资源及动植物资源等，获取准确和完整的基础数据，以指导产业布局、城镇布局、村落布局及人口再分布。

第三，完善灾害频发区域基础设施和公共服务体系，提升区域人口与经济社会承载力。完善自然环境基础数据，通过区域内道路交通系统、水电气系统、通信与网络系统、生态保护系统、公共卫生与保健系统、教育系统及社会保障系统的建设，进一步提升资源环境与社会的人口承载力。

　　第四，完善和落实灾害频发区域的产业政策和布局，提升区域经济承载力。政府及相关部门，通过"主体功能区规划"及其他宏观政策，引导区域产业发展的大方向，明确支持大力发展的产业类型，限制开发的各类产业，明确各类产业布局的地域空间。唯有如此，才能做到产业布局与自然环境间的协调与适应，才能真正提升经济人口承载力。

参考文献

[1] 张纯元. 人口经济学 [M]. 北京：北京大学出版社，1983.

[2] 毛汎生. 人口学原理 [M]. 北京：中国财政经济出版社，1989.

[3] 张善余. 人口地理学概论 [M]. 上海：华东师范大学出版社，1997.

[4] 魏津生. 国内人口迁移和流动研究的几个基本问题 [J]. 人口与经济，1984 (6)：32-37.

[5] 佟新. 人口社会学 [M]. 北京：北京大学出版社，2010.

[6] 王桂新. 中国人口的地域分布及其变动 [J]. 人口研究，1998 (6)：41-46.

[7] 董春，刘纪平，赵荣，等. 地理因子与空间人口分布的相关性研究 [J]. GIS 技术，2002 (4)：61-64.

[8] 封志明，唐焰，杨艳昭，等. 中国地形起伏度及其与人口分布的相关性 [J]. 地理学报，2007 (10)：1073-1082.

[9] 李旭东，张善余. 贵州喀斯特高原人口分布与自然环境定量研究 [J]. 人口学刊，2006 (3)：49-54.

[10] 贺交生. 试论我国人口分布与土地资源的关系 [J]. 南方人口，1986 (2)：59-62.

[11] 王银峰. 从土地资源看低山丘陵区人口发展分布及整治对策 [J]. 地域研究与开发，1989 (6)：35-37.

[12] 孙玉莲，赵永涛，曹伟超，等. 山区人口分布与环境要素关系的定量分析 [J]. 安徽农业科学，2011，39 (19)：11705-11707.

[13] 吴玉平. 土地承载力与我国人口的合理分布 [J]. 南方人口，1991 (2)：47-49.

[14] 徐永胜. 土地人口承载力问题初探 [J]. 人口研究，1991 (5)：37-42.

[15] 段成荣. 土地承载力与中国人口分布 [J]. 南方人口，1993 (2)：

15-19.

[16] 程希. 对不同地区人口分布与经济和资源环境关系的总体评价 [J]. 人口与经济, 1996 (6): 20-25.

[17] 原华荣. 中国人口分布的合理性研究 [J]. 地理研究, 1993 (3): 64-69.

[18] 廖顺宝, 李泽辉. 四川省人口分布与土地利用的关系及人口数据空间化试验 [J]. 长江流域资源与环境, 2004 (6): 557-561.

[19] 白中科, 左寻. 及时重建矿区生存空间避免出现人口大迁移 [J]. 山西农业大学学报 (社会科学版), 2003 (1): 52-54.

[20] 张善余. 论人口合理再分布是山区脱贫开发的战略性措施 [J]. 人口与经济, 1995 (3): 3-9.

[21] 李雨停, 丁四保, 王荣成. 地理成本与人口空间分布格局研究 [J]. 中国人口·资源与环境, 2009, 19 (5): 82-87.

[22] 高晓路, 陈田, 樊杰. 汶川地震灾后重建地区的人口容量分析 [J]. 地理学报, 2010, 65 (2): 164-176.

[23] 邓祥征. 汶川地震对农业生产影响评估及重灾区农业人口转移安置的建议 [J]. 人口与发展, 2008 (4): 28-32.

[24] 杨成钢. 汶川地震灾区重建的人口学思考 [J]. 人口与发展, 2008 (1): 32-34.

[25] 蔡昉. 人口迁移和流动的成因、趋势与政策 [J]. 中国人口科学, 1995 (6): 8-16.

[26] 王桂新. 中国区域经济发展水平及差异与人口迁移关系之研究 [J]. 人口与经济, 1997 (1): 50-56.

[27] 龙枚梅, 王如渊, 王佑汉, 等. 四川盆地城市群主要城市人口密度空间分布及其演变规律 [J]. 西华师范大学学报 (自然科学版), 2010 (1): 95-100.

[28] 李国平, 范红忠. 生产集中、人口分布与地区经济差异 [J]. 经济研究, 2003 (11): 79-86.

[29] 杜本峰, 张耀军. 高原山区人口分布特征及其主要影响因素: 基于毕节地区的 Panel Data 计量模型分析 [J]. 人口研究, 2011 (5): 90-101.

[30] 何一峰, 付海京. 影响我国人口迁移因素的实证分析 [J]. 浙江社会科学, 2007 (2): 47-51.

[31] 罗鸣令. 公共服务非均等化: 人口迁移的财政制度原因 [J]. 经济

论坛，2009（4）：25-28.

[32] 白积洋. 人口迁移空间选择机制的经济学分析 [J]. 中国地质大学学报（社会科学版），2009（5）：62-69.

[33] 李骏. 从两西移民看西部贫困地区人口迁移 [J]. 甘肃社会科学，2001（5）：54-57.

[34] 王振波，徐建刚，朱传耿，等. 中国县域可达性区域划分及其与人口分布的关系 [J]. 地理学报，2010，65（4）：416-426.

[35] 程希. 对不同地区人口分布与经济和资源环境关系的总体评价 [J]. 人口与经济，1996（6）：20-25.

[36] 朱宝树. 人口与经济：资源承载力区域匹配模式探讨 [J]. 中国人口科学，1993（6）：8-13.

[37] 陈楠，王钦敏，林宗坚. 基于 GIS 的人口压力空间分布模式研究：空间数据挖掘在人口学领域应用的实例 [J]. 计算机应用研究，2007，24（4）：232-234.

[38] 杨晓勇. 合理分布山区人口促进山区经济发展：对大别山区人口、经济、生态发展的反思 [J]. 西北人口，1996（1）：19-22.

[39] 蔡林. 人口迁移和流动对生态环境的有利影响分析 [J]. 生态经济，2006（6）：44-47.

[40] 王兆萍. 迁移与我国农村区域贫困人口的人力资本积累：兼议地理环境决定论 [J]. 干旱区资源与环境，2007（3）：1-5.

[41] 包庆德，张燕. 论人口分布生态化与可持续发展 [J]. 中国人口科学，2005（S1）：206-210.

[42] 王桂新. 不同地域层次间人口迁移问题的研究：根据中间地域层次小城镇角度分析 [J]. 西北人口，1989（2）：30-37.

[43] 韦鸿. 农业反补政策对农村人口迁移和农地制度的影响与对策 [J]. 农业经济，2005（11）：29-30.

[44] 陶然，徐志刚. 城市化、农地制度与迁移人口社会保障：一个转轨中发展的大国视角与政策选择 [J]. 经济研究，2005（12）：45-56.

[45] 刘葳葳. 土地流转权改革对农村人口迁移的影响分析 [C]. "新一轮西部大开发与贵州社会发展"学术研讨会暨贵州省社会学学会（2010 年学术年会论文集），2010.

[46] 刘传江，周玲，邵映红. 非自愿性移民安置与可持续发展：中西部开发的现实大课题 [J]. 人口与计划生育，2002（5）：33-37.

［47］满颖之，隋干城. 关于人口地理分布规律性的探讨［J］. 人口研究，1983（4）：30-34.

［48］田雪原. 人口、经济、环境的可持续发展［J］. 中国社会科学，1996（2）：4-15.

［49］乔瑞迁. 从我国人口及工业分布重心看大西北的开发与移民［J］. 内蒙古教育学院学报（自然科学版），1993（3）：33-35.

［50］张云钢. 论物质利益导向型的人口非平衡再分布［J］. 云南师范大学哲学社会科学学报，1991（3）：81-84.

［51］沈月琴，李明华. 浙江山区人口迁移与地方产业发展［J］. 浙江林学院学报，1996（3）：328-332.

［52］胡小武. 人口"就近城镇化"：人口迁移新方向［J］. 西北人口，2011，32（1）：1-5.

［53］苏扬. 中国人口分布合理性研究［N］. 中国人口报，2011-05-23（3）.

［54］刘家强，车茂娟，唐青. 灾后重建中的人口迁移问题研究［J］. 人口研究，2008，32（5）：1-9.

［55］沈茂英. "5·12"汶川大地震受灾人口特征与生存环境变化分析［J］. 西北人口，2008，29（6）：83-88.

［56］穆光宗. 灾难与人口发展：优化人口居住区的分布［J］. 晚报文萃，2008（13）：14.

［57］李建华. 地震重灾县（市）灾后重建中人口发展规模的预测分析：以成都市4个重灾县（市）为例［J］. 人口与计划生育，2009（1）：15-16.

［58］沈茂英. 汶川地震灾区受灾人口迁移问题研究［J］. 社会科学研究，2009（4）：6-12.

［59］文贯中. 地震、人口分布与土地制度［N］. 经济观察报，2008-05-26（44）.

［60］魏津生. 抓"经济补偿"，不忘抓"社会补偿"：我国实施水库移民政策的一个重要问题［N］. 中国经济时报，2009-08-24（007）.

［61］马克思恩格斯全集：第42卷［M］. 北京：人民出版社，1979.

［62］马克思恩格斯选集：第42卷［M］. 北京：人民出版社，1995.

［63］陈颙，李娟. 地震、地震灾害和我们［J］. 城市防震减灾，2000（6）：4-8.

［64］曾健. 试论我国地震灾害及其防治［J］. 池州师专学报，1997（3）：96-98.

［65］张善余，桂世勋，曾毅，等. 人口垂直分布规律和中国山区人口合理再分布研究［M］. 上海：华东师范大学出版社，1996.

［66］邬沧萍. 人口学学科体系研究［M］. 北京：中国人民大学出版社，2006.

［67］李燕玲. 四川民族地区农户贫困成因及其影响因素研究［D］. 雅安：四川农业大学，2011.

［68］四川省人民政府网：全省第六次人口普查新闻发布会，2011-05-06. http://www.sc.gov.cn/10462/10929/11113/11114/2011/5/6/10160521.shtml.

［69］中国阿坝州政府门户网站：阿坝州2010年第六次全国人口普查主要数据公报（第一期），2011-05-27. http://www.abazhou.gov.cn/jrab/gsgg/gsgg/201105/t20110527_412871.html.

［70］李勇，黄润秋. 龙门山地震带的地质背景与汶川地震的地表破裂［J］. 工程地质学报，2009，17（1）：3-18.

［71］陈立春，冉勇康. 山地震与龙门山断裂带南段活动性［J］. 中国科学，2013（20）：1925-1932.

［72］菅强. 中国突发事件报告［M］. 北京：中国时代经济出版社，2009.

［73］韩用顺，朱颖彦，孔亚平，等. 四川省汶川地震极重灾区次生山地灾害分布规律与发育趋势［J］. 中国地质灾害与防治学报，2010，21（4）：14-21.

［74］于欢，孔博，陶和平，等. 四川省自然灾害危险度综合评价与区划［J］. 地球与环境，2012，40（3）：397-404.

［75］孔博，陶和平. 汶川地震灾区生态脆弱性评价研究［J］. 水土保持通报，2010，30（6）：180-184.

［76］崔晓黎. 生态脆弱区资源与人口矛盾怎样解决［J］. 国土资源通信，2001（5）：42-45.

［77］刘春红，刘邵权. 四川省汶川地震重灾区环境承载力分析与对策研究［J］. 安徽农业科学，2009，37（22）：10639-10641.

［78］刘颖琦，李学伟，周学军. 基于和谐发展机理的西部生态脆弱贫困区优势产业测评［J］. 中国软科学，2007（12）：98-105.

［79］刘耀彬，李仁东，宋学锋. 中国城市化与生态环境耦合度分析［J］. 自然资源学报，2005，20（1）：105-112.

［80］陈雁云. 产业发展、城市集聚耦合与经济增长的关联度［J］. 改革，2011（4）：69-75.

［81］丁文广，冶伟峰，等. 甘肃省不同地理区域灾害与贫困耦合关系量

化研究 [J]. 经济地理, 2013, 33 (3): 28-35.

[82] 马丽, 金凤君, 刘毅. 中国经济与环境污染耦合度格局及工业结构解析 [J]. 地理学报, 2012, 67 (10): 1299-1307.

[83] 孙小涛, 周忠发, 陈全. 重点生态功能区人口—经济—生态环境耦合协调发展探讨: 以贵州省沿河县为例 [J]. 重庆师范大学学报 (自然科学版), 2017 (5): 29-34.

[84] 王宏, 卫刘勤, 柴春梅, 等. 新疆渭干河库车河绿洲人口—经济—环境耦合协调发展研究 [J]. 生态经济, 2015, 31 (3): 78-81.

[85] 王少剑, 方创琳, 王洋. 京津冀地区城市化与生态环境交互耦合关系定量测度 [J]. 生态学报, 2015, 35 (7): 2244-2254.

[86] 邓明. 变系数空间面板数据模型及其应用的研究 [M]. 厦门: 厦门大学出版社, 2014.

[87] 沈体雁, 冯等田, 孙铁山. 空间计量经济学 [M]. 北京: 北京大学出版社, 2010.

[88] 封志明, 刘晓娜. 中国人口分布与经济发展空间一致性研究 [J]. 人口与经济, 2013 (2): 3-11.

[89] 涂建军, 周艳. 主体功能区人口与经济耦合协调关系研究: 以四川省重点开发区为例 [J]. 西南大学学报 (自然科学版), 2013, 35 (4): 118-124.

[90] 马子量. 西北地区产业集聚与城市人口集聚: 交互协同及地理耦合: 基于演化视角的空间统计分析 [J]. 西南民族大学学报 (人文社会科学版), 2016, 37 (5): 121-126.

[91] 刘盛和, 邓羽, 胡章. 中国流动人口地域类型的划分方法及空间分布特征 [J]. 地理学报, 2010, 65 (10): 1187-1197.

[92] 于婷婷, 宋玉祥, 浩飞龙, 等. 东北地区人口结构与经济发展耦合关系研究 [J]. 地理科学, 2016, 36 (10): 26-32.

[93] 刘传江, 周玲, 邵映红. 非自愿性移民安置与可持续发展: 中西部开发的现实大课题 [J]. 人口与计划生育, 2002 (5): 33-37.

[94] 刘家强, 车茂娟, 唐青. 灾后重建中的人口迁移问题研究 [J]. 人口研究, 2008, 32 (5): 1-9.

[95] 李骏. 从两西移民看西部贫困地区人口迁移 [J]. 甘肃社会科学, 2001 (5): 54-57.

[96] 肖磊, 李仕明. 汶川地震生态重建区的承载力评价及产业选择: 兼

论德阳重灾区旅游产业发展 [J]. 电子科技大学学报 (社科版), 2009, 11 (2): 7-11.

[97] 沈茂英. 汶川地震灾区受灾人口迁移问题研究 [J]. 社会科学研究, 2009 (4): 6-12.

[98] 罗鸣令. 公共服务非均等化: 人口迁移的财政制度原因 [J]. 河南商业高等专科学校学报, 2009 (4): 25-28.

[99] 何一峰, 付海京. 影响我国人口迁移因素的实证分析 [J]. 浙江社会科学, 2007 (2): 47-51.

[100] 韦鸿. 农业反补政策对农村人口迁移和农地制度的影响及应对策略 [J]. 调研世界, 2005 (7): 30-31.

[101] 王国霞. 中国农村人口省际省内迁移机制研究 [J]. 经济管理, 2008 (8): 85-90.

[102] 王振波, 徐建刚, 朱传耿, 等. 中国县域可达性区域划分及其与人口分布的关系 [J]. 地理学报, 2010, 65 (4): 416-426.

[103] 王俊鸿, 董亮. 灾害移民返迁意愿及影响因素研究: 以汶川地震异地安置羌族移民为例 [J]. 西南民族大学学报 (人文社会科学版), 2013, 34 (7): 8-14.

[104] 朱杰. 人口迁移理论综述及研究进展 [J]. 江苏城市规划, 2008 (7): 40-44.

[105] BATES D C. Environmental refugees classifying human migration caused by environmental change [J]. Population and Environment, 2002, 23 (5): 465-477.

[106] PAUL B K. Evidence against disasteR-induced migration: the 2004 tornado in north-central Bangladesh [J]. Disaster, 2005, 29 (4): 370-385.

[107] KEVIN HOLDEN PLATT. Study Warned of China Quake Risk Nearly a Year Ago [J]. National Geographic, 2008 (5): 128-134.

[108] DOUGLAS PATON, ROBERT BAJEK, NORIO OKADA, et al. Predicting community earthquake preparedness: a cross-cultural comparison of Japan and New Zealand. Nat Hazards [J]. Natural Hazards, 2010, 54 (3): 765-781.

[109] ESER DURUKAL, MUSTAFA ERDIK. Physical and economic losses sustained by the industry in the 1999 Kocaeli, Turkey earthquake [J]. Natural Hazards, 2008, 46 (2): 153-178.

[110] FRAN H. NORRIS, SUSAN P. STEVENS, BETTY PFEFFERBAUM, et al. Community Resilience as a Metaphor, Theory, Set of Capacities, and Strategy

for Disaster Readiness [J]. American Journal of Community Psychology, 2008, 41 (1-2): 127-150.

[111] GABRIELE PRATI, ELISA SACCINTO, LUCA PIETRANTONI, et al. The 2012 Northern Italy Earthquakes: modelling human behaviour [J]. Natural Hazards, 2013, 69 (1): 99-113.

[112] GAO XIAOLU, CHEN TIAN, FAN JIE. Analysis of the population capacity in the reconstructionareas of 2008 Wenchuan Earthquake [J]. Journal of Geographical Sciences, 2011, 21 (3): 521-538.

[113] JOHN J. CLANGUE. The Earthquake Threat in Southwestern BritishColumbia: A Geologic Perspective [J]. Natural Hazards, 2002, 26 (1): 7-33.

[114] LORI M. HUNTER. Migration and Environmental Hazards [J]. Population & Environment, 2005, 26 (4): 273-302.

[115] MCGEE T G. The Urbanization Process in the Third World: Exploration in Search of a Theory [J]. Economic Geography, 1973 (1): 134-135.

[116] SHARMIN ARA. Impact of Temporal Population Distribution on Earthquake LossEstimation: A Case Study on Sylhet, Bangladesh [J]. International Journal of Disaster Risk Science, 2014, 5 (4): 296-312.

附录 调查问卷

调查问卷一

绵竹市生态重建区迁移人口生活状况
调查问卷（迁移组）
（2014）

西南财经大学中国西部经济研究中心

访问地点：

乡（镇）：＿＿＿＿＿＿＿；村：＿＿＿＿＿＿＿；组：＿＿＿＿＿＿＿；

被访者姓名：＿＿＿＿＿＿＿；　　　　联系电话＿＿＿＿＿＿＿；

访问时间：2014 年　　月　　日；　　访问员：＿＿＿＿＿＿＿；

问卷编号：＿＿＿＿＿＿＿；　　　　查表人：＿＿＿＿＿＿＿。

引导语

您好！我们是西南财经大学中国西部经济研究中心的研究生，目前正参与一项关于汶川地震生态重建区迁移人口生活状况的课题研究工作，目的是明晰灾区人口迁移收益成本的时空特征，把握灾区人口迁移过程中存在的问题，理清地震灾区生态重建区人口迁移政策的改进方向。因此，我们希望通过问卷调查的方式了解您的相关情况。调查结果仅用于课题研究，未经您的允许我们不会向任何个人或机构提供有关此次调查的任何信息。此次调查将耗时约为20分钟，您的支持和帮助对我们的研究工作有重大意义，我们衷心地向您表示感谢！

A. 基本情况			
代码	指标	07	14
1	出生年月：　　年　　月（年龄：　）		
2	您的户口类型：1.农业 2.非农业 3.其他（请注明）		
3	学历：1.不识字 2.小学 3.初中 4.高中或中专 5.大专或本科 6.硕士及以上		
4	是否参加社保　　　1.是　　2.否		
5	社保资金来源　　　1.政府　　2.自己　　　3.工作单位		
6	是否有医疗保险　　　1.是　　　2.否		
7	医疗保险资金来源　　　1.政府　　2.自己　　　3.工作单位		
8	政治面貌　　　1.党员 2.群众 3.其他		
9	婚姻状况　　　1.未婚 2.已婚 3.离异 4.丧偶		
10	家庭人口数：		
11	搬迁时间：		
B. 住房情况			
代码	指标	07	14
1	住房建筑面积（m²）：		
2	宅基地面积（m²）：		
3	房屋结构：1.草房 2.土房 3.木房 4.砖瓦房 5.混凝土房 6.其他		
4	房产价值（万元）：		

5	住房资金来源： 　　1. 自有资金 　　2. 政府补贴 　　3. 借贷		
6	住房满意度：1.非常不满意 2.不太满意 3.一般 4.比较满意 5.非常满意		

C. 土地情况

代码	指标	07	14
1	耕地面积（亩）		
2	林地面积（亩） 　　1. 经济林面积（亩） 　　2. 生态林面积（亩）		
3	塘堰面积（亩）		
4	土地总面积（亩）		

D. 个人就业情况

代码	指标	07	09	14
1	当年是否干活（含农活和非农工作）？ 1. 是　2. 否			
2	当年没干活的原因：1.年老 2.身体不好 3.待业 4.只做家务 5.上学 6.其他（请注明）			
3	就业类型：1.务农 2.受雇于他人或单位 3.个体工商 4.村组干部 5.其他（请注明）			
4	就业地点：1.本乡内 2.他乡 3.以外 4.其他			
5	就业渠道：1.自寻 2.政府提供 3.亲朋介绍 4.其他			
6	政府是否提供过就业培训机会？　　1.是　2.否			
7	是否参加过政府的职业技能培训班？　1.是　2.否			
8	每年工作月数（根据第3题细分）			
9	每月工作天数（根据第3题细分）			
10	每天工作时间（根据第3题细分）			
11	你对目前的工作时间是否满意？ 1.非常不满意 2.不太满意 3.一般 4.比较满意 5.非常满意			
12	你对目前的就业收入是否满意？ 1.非常不满意 2.不太满意 3.一般 4.比较满意 5.非常满意			

\multicolumn{5}{c}{E. 个人收入开支及存贷款情况}				
代码	指标	07	09	14
1	种植业收入（万元）			
2	养殖业收入（万元）			
3	林业收入（万元）			
4	劳务收入（万元）			
5	个体经营收入（万元）			
6	资产性收入（万元）			
7	政府现金补助（万元）			
8	地震后政府给予的灾后补贴及搬迁补贴总额约为：			
9	其他收入（万元）			
10	生活支出（万元）			
11	生产性支出（万元）			
12	教育支出（万元）			
13	医疗支出（万元）			
14	休闲娱乐支出（万元）			
15	其他支出			
16	存款金额			
17	贷款金额			

\multicolumn{4}{c}{F. 居住生活条件与环境}			
代码	指标	07	14
1	污水处理方式：1.进入处理站、沼气池、化粪池 2.随意排放		
2	垃圾处理方式：1.倒在垃圾收集点 2.随意丢弃		
3	饮用水源：1.自来水 2.井水		
4	厕所类型：1.水冲 2.旱厕 3.自家没有厕所		

\multicolumn{4}{c}{G 对公共服务的评价和比较}			
代码	指标	07	14
1	你认为居住地的交通方便吗？ 1.非常不方便 2.不太方便 3.一般 4.比较方便 5.非常方便		

2	你认为现在居住地的医疗服务方便吗? 1.非常不方便 2.不太方便 3.一般 4.比较方便 5.非常方便		
3	你认为居住地的学生求学方便吗? 1.非常不方便 2.不太方便 3.一般 4.比较方便 5.非常方便		
4	你认为居住地的水电使用方便吗? 1.非常不方便 2.不太方便 3.一般 4.比较方便 5.非常方便		
5	你对居住地的治安状况是否满意? 1.非常不满意 2.不太满意 3.一般 4.比较满意 5.非常满意		
6	你觉得现居住地与以前相比哪个生活条件更方便? 1.现在方便 2.差不多 3.以前方便		

H. 社会适应及心理适应

代码	指标	
1	搬迁后你感觉脱离原有社会网络和社会关系的程度如何? 1.很严重 2.比较严重 3.一般 4.有一点 5.没感觉到	
2	你与当地居民熟悉程度如何? 1.几乎没有熟人 2.熟悉几个人 3.一般 4.熟悉较多人 5.基本都熟悉	
3	你认为当地人对待移民的态度如何? 1.非常冷漠 2.有一点冷漠 3.一般 4.比较热情 5.非常热情	
4	你觉得你将来会搬回原居住地居住吗? 1.肯定不会 2.可能会也可能不会 3.肯定会	
5	你认为政府对地震移民的关心程度如何? 1.很不关心 2.不太关心 3.一般 4.比较关心 5.非常关心	
6	总体来说,你对移民后综合满意度如何评价? 1.相当不满意 2.有一点不满意 3.一般 4.比较满意 5.非常满意	

此次调查到此结束。再次感谢您的支持和帮助,谢谢!

调查问卷二

汶川地震生态重建区迁移人口生活状况
调查问卷（原址重建组）
（2015）

保密：根据《中华人民共和国统计法》第三章第十四条，本资料
"属于私人、家庭的单项调查资料，非经本人同意，不得泄露"。

西南财经大学中国西部经济研究中心

访问地点：

乡（镇）：＿＿＿＿＿＿＿；村：＿＿＿＿＿＿＿；组：＿＿＿＿＿＿＿；

被访者姓名：＿＿＿＿＿＿＿；　　　　联系电话＿＿＿＿＿＿＿；

访问时间：2015 年　　月　　日；　　　访问员：＿＿＿＿＿＿＿；

问卷编号：＿＿＿＿＿＿＿；　　　　　查表人：＿＿＿＿＿＿＿。

引导语

您好！我们是西南财经大学中国西部经济研究中心的研究生，目前正参与一项关于汶川地震生态重建区迁移人口生活状况的课题研究工作，目的是明晰灾区人口迁移收益成本的时空特征，把握灾区人口迁移过程中存在的问题，理清地震灾区生态重建区人口迁移政策的改进方向。因此，我们希望通过问卷调查的方式了解您的相关情况。调查结果仅用于课题研究，未经您的允许我们不会向任何个人或机构提供有关此次调查的任何信息。此次调查将耗时约为20分钟，您的支持和帮助对我们的研究工作有重大意义，我们衷心地向您表示感谢！

A. 基本情况			
代码	指标	07	14
1	出生年月： 年 月（年龄： ）	07	14
2	您的户口类型：1.农业 2.非农业 3.其他（请注明）		
3	学历：1.不识字 2.小学 3.初中 4.高中或中专 5.大专或本科 6.硕士及以上		
4	是否参加社保：1.是 2.否		
5	社保资金来源：1.政府 2.自己 3.工作单位		
6	是否有医疗保险：1.是 2.否		
7	医疗保险资金来源：1.政府 2.自己 3.工作单位		
8	政治面貌：1.党员 2.群众 3.其他		
9	婚姻状况：1.未婚 2.已婚 3.离异 4.丧偶		
10	家庭人口数：		
B 住房情况			
代码	指标	07	14
1	住房建筑面积（m²）：		
2	宅基地面积（m²）：		
3	房屋结构 1 草房 2 土房 3 木房 4 砖瓦房 5 混凝土房 6 其他		
4	房产价值（万元）：		

5	住房资金来源： 　　1.自有资金 　　2.政府补贴 　　3.借贷		
6	住房满意度：1.非常不满意 2.不太满意 3.一般 4.比较满意 5.非常满意		

C.土地情况			
代码	指标	07	14
1	耕地面积（亩）		
2	林地面积（亩） 　　1.经济林面积（亩） 　　2.生态林面积（亩）		
3	塘堰面积（亩）		
4	土地总面积（亩）		

D. 个人就业情况				
代码	指标	07	09	14
1	当年是否干活（含农活和非农工作）？ 1.是　2.否			
2	当年没干活的原因：1.年老 2.身体不好 3.待业 4.只做家务 5.上学 6.其他（请注明）			
3	就业类型：1.务农 2.受雇于他人或单位 3.个体工商 4.村组干部 5.其他（请注明）			
4	就业地点：1.本乡内 2.他乡 3.以外 4.其他			
5	就业渠道：1.自寻 2.政府提供 3.亲朋介绍 4.其他			
6	政府是否提供过就业培训机会？　　　1.是　否			
7	是否参加过政府的职业技能培训班？ 1.是　否			
8	每年工作月数（根据第3题细分）			
9	每月工作天数（根据第3题细分）			
10	每天工作时间（根据第3题细分）			
11	你对目前的工作时间是否满意？ 1.非常不满意 2.不太满意 3.一般 4.比较满意 5.非常满意			
12	你对目前的就业收入是否满意？ 1.非常不满意 2.不太满意 3.一般 4.比较满意 5.非常满意			

| \multicolumn{5}{c}{E. 个人收入开支及存贷款情况} |
代码	指标	07	09	14
1	种植业收入（万元）			
2	养殖业收入（万元）			
3	林业收入（万元）			
4	劳务收入（万元）			
5	个体经营收入（万元）			
6	资产性收入（万元）			
7	政府现金补助（万元）			
8	地震后政府给予的灾后补贴总额约为：			
9	其他收入（万元）			
10	生活支出（万元）			
11	生产性支出（万元）			
12	教育支出（万元）			
13	医疗支出（万元）			
14	休闲娱乐支出（万元）			
15	其他支出			
16	存款金额			
17	贷款金额			

| \multicolumn{4}{c}{F. 居住生活条件与环境} |
代码	指标	07	14
1	污水处理方式：1.进入处理站、沼气池、化粪池 2.随意排放		
2	垃圾处理方式：1.倒在垃圾收集点 2.随意丢弃		
3	饮用水源：1.自来水 2.井水		
4	厕所类型：1.水冲 2.旱厕 3.自家没有厕所		

| \multicolumn{4}{c}{G. 对公共服务的评价和比较} |
代码	指标	07	14
1	你认为居住地的交通方便吗？ 1.非常不方便 2.不太方便 3.一般 4.比较方便 5.非常方便		

2	你认为现在居住地的医疗服务方便吗？ 1.非常不方便 2.不太方便 3.一般 4.比较方便 5.非常方便		
3	你认为居住地的学生求学方便吗？ 1.非常不方便 2.不太方便 3.一般 4.比较方便 5.非常方便		
4	你认为居住地的水电使用方便吗？ 1.非常不方便 2.不太方便 3.一般 4.比较方便 5.非常方便		
5	你对居住地的治安状况是否满意？ 1.非常不满意 2.不太满意 3.一般 4.比较满意 5.非常满意		
	H. 社会适应及心理适应		
代码	指标		
1	目前你感觉邻里关系如何？ 1.不好 2.不太好 3.一般 4.比较好 5.非常好		
2	你与移民熟悉程度如何？ 1.几乎没有熟人 2.熟悉几个人 3.一般 4.熟悉较多人 5.基本都熟悉		
3	你认为政府对自己的关心程度如何？ 1.很不关心 2.不太关心 3.一般 4.比较关心 5.非常关心		
4	总体来说,你对震后综合满意度如何评价？ 1.相当不满意 2.有一点不满意 3.一般 4.比较满意 5.非常满意		
5	您对居住环境改善、收入增加等有何建议？ 您希望政府加大哪些方面的投入？（基础设施建设、乡镇企业、迁移后补助等）		

此次调查到此结束。再次感谢您的支持和帮助，谢谢！